Feste richtig feiern

Heinz Commer / Lydia Grünther

Feste richtig feiern

Neues und Bewährtes zu den wichtigsten Anlässen

Augustus Verlag

Die im Buch veröffentlichten Ratschläge sind mit größter Sorgfalt von Verfassern und Verlag erarbeitet und geprüft worden. Eine Garantie kann jedoch nicht übernommen werden. Ebenso ist eine Haftung der Verfasser bzw. des Verlages und seiner Beauftragten für Personen-, Sach- oder Vermögensschäden ausgeschlossen.

Die Deutsche Bibliothek – CIP-Einheitsaufnahme
Commer, Heinz:
Feste richtig feiern : Neues und Bewährtes zu den wichtigsten Anlässen / Heinz Commer/Lydia Grünther. - Augsburg : Augustus-Verl., 1998
ISBN 3-8043-3087-8

AUGUSTUS VERLAG AUGSBURG 1998

Redaktion: Gerald Bosch, Düsseldorf
Umschlaggestaltung: Christine Paxmann, München
Umschlagfoto: Tony Stone Images, Bruce Ayres
Illustrationen: Regina Weltner, Nürnberg
Gestaltung und Satz: Paxmann/Teutsch Buchprojekte, München
Druck und Bindung: Offizin Andersen Nexö, Leipzig
Printed in Germany

ISBN 3-8043-3087-8

INHALT

Einführung: Das Handbuch für Alle

Sie lesen richtig: Dieses Buch richtet sich an alle. Warum? Ähnlich wie unser Alltag unser ganzes Leben begleitet, so begleiten uns auch unsere Festtage. Diese Überzeugung ist aktueller und notwendiger denn je. Je stressiger, anstrengender, komplizierter und kälter unser Leben wird, um so wichtiger ist der notwendige Ausgleich, eben die Wärme der Fest- und Feiertage im Kreise der Familie und Freunde, im Berufs- und Vereinsleben.

In drei Teilen vermitteln wir Ihnen praxisnahe und vielfach erprobte Vorschläge für die schönsten Tage Ihres Lebens:

I. Wir geben Ihnen Anregungen, die für alle Feste gleichermaßen gelten, wie beispielsweise Festgeschenke, Festkleidung und Tips für die perfekte Organisation.

II. Wir zeigen Ihnen außerdem, wie Sie bewährte und neue Festlichkeiten wie Adventsfeiern, Cocktailpartys, Geburtstage, Jubiläen, Kindergeburtstage, Silvester- und Karnevalsfeiern, aber auch Bälle, Empfänge oder trendige Themenfeste erfolgreich feiern können. Zu jedem Fest gibt es ausführliche Planungs- und Vorbereitungshinweise, vielfach mit Checkliste und Zeitplan.

III. Ein alphabetisches Festglossar mit zahlreichen Stichwörtern gibt Ihnen viele wichtige Hinweise, damit Sie sich auf allen Festen „parkettsicher" bewegen.

Mit einem Überblick über aktuelle und zukünftige Partytrends haben wir erstmals einen Beitrag zu der immer wichtiger werdenden Kultur der Feste und des Feierns geleistet. Doch nur mit Ihrer Mitwirkung und Experimentierfreude lassen sich diese wichtigen Anregungen dann auch tatsächlich verwirklichen.

Ein gutes Gelingen aller Ihrer Feste wünschen Ihnen

Dr. Heinz Commer und Lydia Grünther

PS: Last but not least gilt unser herzliches Dankeschön Klaus und Michael Holtmann, Köln-Marienburg, für professionelle Anregungen zu modernen Festanlässen sowie Gerd Roeben, Obermeister der Maßschneider-Innung Köln, für detaillierte Hinweise zur Festkleidung.

I

Anregungen für alle Feste

Wer feste arbeitet, soll Feste feiern.
Volksweisheit

1

Feste: Freudenspender für uns alle

Wir alle stecken Tag für Tag in mühsamer, stressiger Arbeit und freuen uns daher stets auf eine der angenehmen Begleiterscheinungen des Lebens, nämlich Feste. Feiern sind wie der Arbeitsalltag fester Bestandteil unseres Lebens. Daß diese These für jeden von uns zutrifft, können wir guten Herzens bejahen, denn alle Menschen sind für Feste empfänglich; sie freuen sich auf Feiern und schwelgen später in glücklichen Erinnerungen an diese. Für besonders praktisch denkende oder beruflich stark engagierte Zeitgenossen bieten Feste willkommene Gelegenheiten zu nützlichen Gesprächen oder Geschäften. Aber auch Genußfreudige freuen sich besonders auf Feste. Allerdings hängt ihre Festfreude von dessen Güte ab, die sich in besonderen Speisen, ausgewählten Getränken oder interessanten Flirt- und Unterhaltungsmöglichkeiten äußert.

Aufgrund des besonderen Stellenwertes von Festen als elementarer Lebensbestandteil wollen wir Ihnen nun Tips und Informationen an die Hand zu geben, damit jedes Fest, das Sie als Gastgeber planen und durchführen oder auch nur als Gast besuchen, zu einem hundertprozentigen Erfolg gerät.

Die drei Kernfragen eines Festes: Warum? Wie? Wo?

Für Feste gelten drei Kernfragen, die alle mit „W" beginnen: *„Warum? Wie? Wo?"* Warum wir feiern, haben wir bereits erwähnt, doch wie wir feiern, das wird hier kurz skizziert und bei den einzelnen Festtypen im zweiten Teil dieses Buches aufgelistet.

Als vierten Punkt müssen wir auch bedenken, mit wie vielen Gästen wir bestimmte Feste feiern wollen. Wenn Sie jederzeit wohlüberlegt auf diese Fragen eingehen, können die von Ihnen geplanten oder besuchten Feste nur exzellent geraten. Unsere eigene jahrzehntelange Beobachtung und Durchführung von Festen im persönlichen wie beruflichen Bereich mag Ihnen als

Orientierung dienen; der Erfolg eines Festes hängt jedoch letztlich entscheidend davon ab, wie engagiert Sie selbst mitmachen.

ZU VIELE FESTE SIND UNGESUND.

Warnen möchten wir allerdings vor allzu vielen Festen, die sich erfahrungsgemäß immer kurz vor Jahresende schier unerträglich anhäufen. *„Allzu viel ist ungesund"* – diese Redewendung sollten wir uns auch für Feiern und Feten merken. Wer jeden Monat ein Fest feiert, hat entweder eine kleine „Macke" oder aber ist geradezu „PR-süchtig". Ein solcher Mensch vergißt, daß zu viele Feste zwangsläufig ihre Einmaligkeit und ihren Höhepunkt-Charakter einbüßen. Wer zehn Partys nacheinander „abgefeiert" hat, wird sich automatisch nicht ewig an die einzelnen Feiern erinnern – und das ist bedauerlich. Feste sind nämlich so alt wie die Menschheitsgeschichte selbst, und sicherlich hockten schon die ersten Frühmenschen an ihren Höhlenfeuern, um eine erfolgreiche Jagd zu feiern. Seit dieser Urzeit hat sich aber auch so manches verändert, und so wollen wir auch über moderne Trends und Novitäten berichten. Denn so wie es völlig unterschiedliche Menschen mit individuellen Geschmäckern gibt, so bestehen auch unzählige verschiedene Anlässe, ein Fest zu feiern.

FESTE: DIE ERFREULICHEN HÖHEPUNKTE UNSERES LEBENS.

Feste können und sollen Ausdruck der Freude sein, wenn wir etwa ein Examen bestanden haben, beispielsweise Abitur oder Meisterprüfung. Feste können Entspannung sein von Leid, einer schlimmen Krankheit oder einem Trauerfall. So bedeutet der Leichenschmaus nach einer Beerdigung nichts anderes als eine Art Rückkehr der Trauernden ins Leben. Feste können aber auch der Betonung der Gemeinschaft dienen (Beispiel: Familienfeste). Nicht zuletzt aber repräsentieren Feste immer wieder persönliche Höhepunkte unseres Lebens, wie z.B. Geburtstag, Hochzeit oder ein Dienstjubiläum. Zusammenfassend gesagt, feiern wir also nicht nur, um der Freude am Leben Ausdruck zu geben, sondern auch, um bestehende Gemeinschaften zu festigen – was durchaus auf individuelle Weise geschehen kann.

2

Feste – eine breit gefächerte Vielfalt

Im Unterschied zu früheren Zeiten, als man sich auf ganz bestimmte, religiös oder familiär ausgerichtete Feste beschränkte, ist die Zahl der Anlässe zum Feiern heute nahezu unbegrenzt und erinnert in ihrer Vielfalt an die Bandbreite von TV-Programmen, die per Satellitenschüssel, Kabel – und demnächst sogar auf digitale Weise – in unsere Haushalte gelangen. Warum wird heute häufiger gefeiert als früher? Zum einen mag dies an der heute mehr denn je geforderten Kreativität liegen, die bei Festen und Festanlässen gerne gesehen und auch honoriert wird, zum anderen an der größeren Weltkenntnis, die wir durch zahlreiche Reisen erfahren haben.

Traditionelle Feste

Demnach gilt heute mehr denn je das Sprichwort *„Wer die Wahl hat, hat die Qual“.* Obwohl es fast unmöglich erscheint, in den Hunderten von Anlässen zum Feiern eine klare Linie zu erkennen, wollen wir in unserem Buch versuchen, diese zu systematisieren. Wir unterscheiden zunächst einmal die gebräuchlichen, also traditionellen Feste, beschäftigen uns anschließend mit besonderen modernen Festen und zum Schluß mit besonders beliebten Festen, die wir als die extravaganten Feste bezeichnen wollen. Als erste Prämisse gilt: Es gibt keine festen Regeln für Festanlässe – aus allem läßt sich quasi ein Fest machen!

Verschiedene Feste zu unterschiedlichen Tageszeiten

Zunächst kennen wir im Verlauf des Vormittags den Vormittagsempfang, zu dem besonders viele Gäste eingeladen werden können; die individuelle Anwesenheitsdauer ist hier auf zwei bis drei Stunden festgelegt. Auch heute noch hat das gesetzte Mittagessen bei hohen Festtagen, insbesondere bei Geburtstagen, einen besonderen Stellenwert. Wir sollten uns daher große Mühe geben, dieses Festessen mit Tischordnung, großem Dekor und Blumenschmuck zu versehen. Zwischen

Arbeitsessen, Mittagessen und Nachmittagskaffee hat sich in zunehmendem Maße – vor allem bei jüngeren Menschen – der sogenannte Brunch etabliert. Dieser Begriff ist ein Kunstwort, das sich aus den englischen Wörtern *breakfast* (= Frühstück) und *lunch* (= Mittagessen) zusammensetzt; somit ist dann auch gleich der Zeitraum klar, innerhalb dessen ein Brunch stattfindet (meist zwischen 10 und 14 Uhr). Da man beim Brunchen bekanntlich kalte und warme Speisen servieren kann, bietet sich den einzelnen Festteilnehmern so die Möglichkeit, sich die Speisen je nach Wunsch und Gusto zusammenzustellen. In diesem Zusammenhang sollte auch die immer häufiger gewordene Cocktailparty erwähnt werden, die zum einen als Festveranstaltung nachmittags zwischen 18 und 20 Uhr wie auch als Empfang zu einer späteren Zeit angeboten werden kann. Für den Empfang zur Nachmittagszeit gilt folgendes: Er kann einerseits als separate Veranstaltung angekündigt werden, andererseits aber auch zu einem späteren gesetzten Abendessen überleiten, wie es sich z.B. bei Jubiläen anbietet. Für das abendliche Festbankett gilt ähnlich wie für das gesetzte Mittagessen, daß auf Dekor, Blumen, Tischordnung usw. besonderer Wert gelegt werden sollte.

Anlässe für ein Familienfest

Neben diesen traditionellen Werten gibt es in zunehmendem Maße die zweite Form von Festveranstaltungen, die wir als besondere Feste bezeichnen möchten. Sie sind zum einen familienbezogen und nehmen dann verständlicherweise besondere Familienereignisse zum Anlaß: Die Ankunft einer Tante nach einer langen Afrikareise oder die Rückkehr eines Sohnes von einer Trekking-Wanderung in Nepal sind durchaus passende Gelegenheiten, eine Feier mit den entsprechenden regionalen Spezialitäten zu begehen. Weiterhin bieten auch Einschulung und Schulabschluß ideale Anlässe für schöne Familienfeste.

Neben diesen reinen Familienfesten gibt es spezielle, auf eine Gemeinde zugeschnittene Feste, wie beispielsweise Pfarrfeste, Kirchweih oder andere kirchliche Festlichkeiten (etwa die Einweihung einer neuen Glocke). Ein weiterer festlicher Anlaß – den wir sogar häufiger im Fernsehen erleben – ist die Rückkehr einer siegreichen Sportmannschaft, was sich zum Teil anhand lautstarker, mit viel Alkohol begossener Festlichkeiten äußert.

EXTRA-VAGANTE FESTE HABEN INTERESSANTE MOTTOS.

Als dritte Gruppe möchten wir die sogenannten extravaganten Feste nennen. Mit dem meist ausgefallenen Motto oder Inhalt dieser Feiern assoziieren wir automatisch ein besonderes Ambiente mit entsprechenden Festspeisen und -getränken. Beispiele für diesen Festtypus wären etwa ein „Almfest", ein „Heurigenabend" oder ein „Country & Western Happening". Aber auch die Assoziationen mit kulinarischen Spezialitäten der französischen Küche bieten ausreichend Möglichkeiten, extravagante Feste unter einem bestimmten Stichwort zu begehen: So lädt man dann beispielsweise diejenigen ein, die gerade die Bretagne, die Normandie oder die Provence in ihr Herz geschlossen haben. Selbstverständlich gibt es auch hier individuelle Vorlieben und Abneigungen; was den Freunden der *Grande Cuisine* recht ist, muß den *Aficionados* der baskischen und andalusischen Küche noch lange nicht billig sein. Für Ungarn-Liebhaber drängt es sich nahezu schon auf, einen Festabend unter das Motto „Zigeunermusik" zu stellen.

Die Palette der möglichen Anlässe läßt sich, gerade was das Kulinarische anbelangt, beliebig erweitern – seien es nun ein

Rheinisches Büfett, Bayerische Schmankerl, Fischspezialitäten aus der Nordsee, eine Wiener Kaffeehausfeier, ein texanisches Barbecue oder gar eine indonesische Reistafel. Allerdings birgt gerade diese Vielfalt an Festanlässen auch eine gewisse Gefahr: Je ausgefallener nämlich das Motto ist, desto schwieriger läßt es sich realisieren, und man findet vielleicht auch nur schwer Freunde, die mit dem Motto nicht nur etwas anfangen können, sondern es auch mit Begeisterung aufnehmen. Demnach ist – je nach persönlichem Mut – bei extravaganten Festen leichte Vorsicht geboten. Auf der anderen Seite sind es gerade diese Feste, die uns besonders reizen und uns auch die Möglichkeit geben, neben dem durch Motto und Speisen festgelegten festlichen Charakter auch eine entsprechende Kostümierung zu erbitten.

Zum Schluß können wir auch auf jahreszeitlich bedingte außergewöhnliche Feste wie beispielsweise Frühjahrsfeste oder Sommerpartys hinweisen; selbstverständlich kann man bei der Einladung darauf hinweisen, daß solche Gäste, die zum Winterball die passenden „Klamotten" mitbringen, besonders begrüßt werden.

Dem Kölner Michael Holtmann, der in dieser Stadt einen exzellenten Restaurations- und Partyservice betreibt, verdanken wir die nachfolgende Darstellung von festlichen Anlässen und Events, die in jeder Beziehung aus dem Rahmen fallen.

SPECIAL EVENTS – FESTE VÖLLIG NEU

An der Spitze dieser Attraktionen steht das *„Last Dinner on the Titanic"*, ein festliches *„Memorial Dinner"* mit dem Erste-Klasse-Menü des Unglücksabends. Doch auch die übrigen Holtmannschen Events zeugen von der Vielfalt und Weltläufigkeit heutiger Möglichkeiten, Feste zu gestalten. An erster Stelle auf der Beliebtheitsskala steht hierbei selbstverständlich der Valentinstag mit einem *„Herzensbrecher-Menü"*, begleitet von Kerzenschein (neudeutsch *Candle Light*), Rosen und Liebesgabe.

Der momentan nostalgischen Rückkehr zum Zigarrenrauchen – ein Trend, der starke Impulse aus Hollywood erhalten hat – wird folgende Veranstaltung gerecht: *„Dominikanische Zigarren auf dem Vormarsch"*. Dabei handelt sich um ein dreigängiges Menü mit Zigarren, einem Zigarrenführer (in Buchform) und reichlich Champagner.

In die europäischen Nachbarländer führen uns nicht nur *„Fête de Maman – Muttertag à la française"* mit französischer Atmosphäre, Küche, Musik und Blumengestaltung, sondern auch die *„Umbrischen Wochen"* mit kulinarischen Spezialitäten, Weinen und Landgut-Dekorationen aus dieser italienischen Provinz.

Eine weitere Reverenz an unsere französischen Nachbarn ist anläßlich ihres Nationalfeiertages, dem 14. Juli, die Veranstaltung unter dem Motto *„Vive la France"*. In die Vereinigten Staaten führt uns wiederum der *„Thanksgiving Day"*, eine Veranstaltung mit amerikanischem Truthahnessen, bei dem *Turkey, Prime Rib* und *Lobster* als typisches Neuengland-Menü serviert werden.

POLITISCHE FESTTAFELN, KULINARISCHES KINO – ANLÄSSE FÜR EIN AUSGEFALLENES FEST GIBT ES GENUG.

Daß auch politische Ereignisse ein Fest-Event veranlassen können, bewies Holtmann mit dem *„Hongkong Handover"*, ein Event, das er anläßlich der Übergabe Hongkongs an China durchführte. Dabei entbehrte die Ankündigung nicht einer gewissen Prise makabren Humors. *„Den Gästen wird ein viergängiges Menü geboten, bei denen Sie, im Gegensatz zu den Bürgern Hongkongs, bei jedem Gang die Alternative zwischen britischem und chinesischem Menü haben."* Natürlich kommt die englische Königsfamilie auch als Anlaß zur Gestaltung von Festen nicht zu kurz, wie das Motto *„50 Golden Years 1947 to 1997"* anläßlich der Goldenen Hochzeit von Königin Elisabeth und Prinz Philip bewiesen hat. Selbstverständlich sind auch Filmhits bestens geeignet, zu einer Festveranstaltung mit Esprit einzuladen, wie das folgende Beispiel zeigt. *„Jurassic Park II – The Lost World"*, zu deutsch „Die vergessene Welt" – was uns gleich das passende Motto auf die Zunge legt: *„Gourmassic Park II – Die gegessene Welt"*. Nachdenklich stimmt uns auch das *„Honecker-Menü" („Festessen anläßlich des Besuchs des Staatsratsvorsitzenden der Deutschen Demokratischen Republik und Vorsitzenden des ZK der SED")*, zeigt es doch, wie rasch eine politische Laufbahn mit dem ihr anhaftenden, in diesem Fall zweifelhaften Ruhm vergehen kann.

Auch auf die Gefahr hin, als Chauvinisten oder Lokalpatrioten verschrieen zu werden, freut es uns als Kölner jedoch besonders, daß bei einer Festgestaltung die deutsche und die regionale rheinische Küche nicht vergessen wurde. Zum Gedenken an die deutsche Einheit gab es das Motto *„Tag der*

Deutschen Einheit – Spezialitäten aus den deutschen Ländern". Für die Jecken aus dem linksrheinischen Rheinland ist es natürlich ein besonderes Event, eine Festveranstaltung unter dem Motto *„Fastelovends-Fisternöllche (Liebelei) mit Quallmann un Heringsstipp"* zu erleben – als Weiberfastnachtsparty muß die Fete natürlich ab 11.11 Uhr mit Diskothek, Kölsch vom Faß und der berühmten rheinischen Erbsensuppe losgehen.
Als Fazit gilt, daß jeder Anlaß, der Interesse oder Neugierde weckt, zu einem gelungenen Fest führen kann: Der Kreativität, dem Erfindungsreichtum und dem Esprit sind dabei keine Grenzen gesetzt, und mit etwas Nachdenken und einer pfiffigen Idee wird jedes Ihrer Feste gelingen.

3

Goldene Regeln für alle Feste: Organisatorische Anregungen

Ohne Organisation läuft nichts.

Sicherlich hat jeder schon einmal die Redewendung gehört: *„Organisation ist zwar nicht alles, doch alles ist nichts ohne Organisation."* Das trifft natürlich auch auf Feste zu. Denn schließlich ist die Organisation quasi die Infrastruktur jeder Festveranstaltung und entscheidet somit über Erfolg oder Mißerfolg. Deshalb geben wir nachfolgend Anregungen, die Sie stets beherzigen mögen.

Entscheidungen im Vorfeld

Wie plane ich mein Fest finanziell?

„Ohne Moos nix los" – dieser ursprüngliche Graffitispruch gibt eine der banalsten Weisheiten dieser Welt wieder und macht auf drastische Art deutlich, daß ohne materielle Grundlage auch eine „Fete nicht steigen kann". Vor Beginn eines Festes sollten wir deshalb folgende Punkte prüfen:

1. Budgetplanung: Wieviel wollen wir aus eigenen Mitteln für das Fest ausgeben?
2. Finanzierung durch Familien oder Freunde, die uns bei der Veranstaltung von großen Festen helfen wollen. Die nach 1945 aus der Notlage entstandene Gewohnheit, daß die Gäste Speisen und Getränke mitbringen, ist auch heute im nachbarschaftlichen Umfeld nicht nur akzeptabel, sondern birgt manchmal Grund zu Überraschung und Spaß.
3. Wo soll gefeiert werden? Auswärtigen Gästen sollten die Zufahrtswege und Parkmöglichkeiten eindeutig beschrieben werden (Wegstrecke u.U. zufaxen); ggf. sollte man bei Freilandveranstaltungen (z.B. einem Familienpicknick) wissen, wo die nächste Toilette ist und ob Unterbringungsmöglichkeiten für einen Fahrer bestehen, der seinen Wagen stehenlassen will – und dann natürlich auch für seine trinkfreudigen Fahrgenossen. Ein besonderes Problem ist vor allem bei Festen außerhalb unseres Wohnortes die Unterbringung der Gäste in Hotels und Gaststätten.

Vorbereitung

Überlassen Sie nichts dem Zufall, und denken Sie an die ebenfalls saloppe Volksweisheit *„Vertrauen ist gut, Kontrolle ist besser"*. Deshalb sollten Sie immer schon einige Zeit vor Festbeginn eine Ortsbesichtigung machen, also beispielsweise denjenigen Teil des Restaurants inspizieren, in dem die Veranstaltung stattfinden soll.
Denken Sie auch daran, daß es immer nur geringfügige Anlässe sind – meist technische Unzulänglichkeiten –, die eine Veranstaltung behindern, seien es nun Mikrofone, die ausfallen, oder Wasserleitungen, die im Winter nicht funktionieren.

Genaue Planung

Je ausgefallener das Motto, desto komplizierter ist die Durchführung eines Festes.

Nachdem Sie über den Zeitpunkt des Festes entschieden haben, sollten Sie sich eine Thematik überlegen und die Details planen. Eine derartige Planung erweist sich nicht nur bei einfacherem Motto als sehr nützlich, sondern insbesondere bei aufwendigen Kostümfesten. Während bei einem *„Frühlingsfest"* beispielsweise die Bitte um frühlingshafte Garderobe reicht, gestaltet sich die Logistik eines Kostümballs, bei dem die Damen als Mondfahrerinnen und die Herren als Kavaliere des 19. Jahrhunderts verkleidet sein müssen, schon wesentlich komplizierter – ganz zu schweigen von den Ballmotti *„Venezianischer Karneval“*, *„Gala am Hofe Friedrichs des Großen“* oder *„Biedermeier“*.

Immer wieder gibt es Gäste, die zu früh kommen und damit in die Vorbereitung platzen und diese stören; doch noch lästiger sind solche Festgäste, die das Fest partout nicht verlassen wollen und sich am liebsten gleich häuslich niederlassen würden. Auch wenn das Sprichwort *„Besuch ist wie Fisch – am dritten Tag stinkt er“* in diesem Zusammenhang etwas übertrieben ist, sollten wir von vornherein etwas gegen Kandidaten mit derart ausgeprägtem Sitzfleisch unternehmen. Legen Sie exakt fest, wann die Feier beginnen soll und wann sie vorbei ist. Eine Ausnahme ist natürlich, wenn Sie ausdrücklich darauf hinweisen, daß das Ende der Feier offen ist. Sie müssen bei der Planung auch dafür sorgen, daß Ihnen genügend hilfreiche Hände zur Seite stehen. Wenn Familienmitglieder und Freunde hierfür nicht ausreichen, müssen Sie u.U. professionelles Servicepersonal über einen Partyservice oder eine Arbeitsagentur anfordern.

LASSEN SIE SICH RUHIG HELFEN.

Praktisch ist es, wie es bei einigen Clubs geschieht, wenn Sie eine Person Ihres Vertrauen bitten, Ihnen quasi als „Feten-Assistent“ zur Seite zu stehen. Dieser „Zeremonienmeister“ sollte den Ablauf des Festes genau überwachen und sich auch um logistische Belange kümmern, wie beispielsweise die Unterbringung der Gäste im Hotel, Parkmöglichkeiten oder das „Zwischenlagern“ der Handys in einem störungsgesicherten Raum.

Ein wichtiger Punkt bei der Vorplanung besteht auch darin, Festredner oder Musikanten zu gewinnen. Sprechen Sie rechtzeitig mit den „Auserwählten“, damit diese Ihnen nicht später vorwerfen, sie seien zu spät informiert worden. Bei größeren Einladungen gestaltet sich die Behandlung der Ehrengäste immer etwas schwierig. Ehrengäste sollten besonders begrüßt werden und Ehrenplätze erhalten.

DURCHFÜHRUNG

Bei der Durchführung des Festes kommt es darauf an, daß der zeitliche Rahmen groß bemessen ist und die Atmosphäre heiter und gelassen, aber nicht zu ausgelassen bleibt. Sorgen Sie auch dafür, daß der Programmteil (wenn es einen solchen gibt) reibungslos und möglichst ohne Pausen abläuft. Was Redner oder Sänger anbelangt, so sollten Sie sie stets im voraus informieren, zu welchem Zeitpunkt die Rede oder musikalische Einlage erfolgen bzw. wie lange diese dauern sollten. Geben Sie, wenn Sie selbst reden, auch einige nette Anekdoten zum Besten, um Ihrer Rede eine persönliche Note zu verleihen. Ferner sollten Sie sich über Ihre Pflichten als Gastgeber im klaren sein, denn schließlich obliegt es Ihnen, möglichst alle Gäste miteinander bekannt zu machen, so daß sich ausreichend Gespräche entwickeln können.

Im Anschluß an diese eher organisatorischen Fragen möchten wir Ihnen nun ein paar Anregungen zum Thema *„Fetenstimmung und -atmosphäre"* geben.

BEACHTEN SIE: EGAL, WER HILFT – DER SERVICE MUSS FREUNDLICH SEIN.

Von drei wichtigen Faktoren hängt der Erfolg eines Festes ab: vom Gastgeber, von den Gästen und von den Personen im sogenannten Catering-Bereich – also von denjenigen, die sich um das leibliche Wohl kümmern müssen. Hierbei kann es sich um die geschulte Kellnerriege eines ausgewählten Restaurants wie auch um die halbwüchsigen eigenen Sprößlinge und deren Freunde handeln, die zu Hause im Partykeller Bier zapfen oder belegte Brötchen herumreichen. Maßgebend für das gute Gelingen einer Feier ist letztlich nicht die Professionalität der Kellner oder „Hilfskellner", sondern lediglich eine bestimmte Atmosphäre, die „rüberkommt". Freundliches, sympathisches Auftreten sind dabei das A und O, lediglich bei Trauerfeiern sollte auf zuviel überschwengliche Freude durch die Bedienung verzichtet werden. Unerläßlich ist dabei auch die freundliche persönliche Ansprache aller Gäste; jedermann muß sich besonders willkommen geheißen fühlen. Auch sollte sich diese freundliche Atmosphäre möglichst unter allen Gästen ausbreiten, so daß schon bald angeregte Gespräche entstehen.

WER WIRD EINGELADEN?

Die Zusammensetzung der Gästeliste ist natürlich individuell, aber kann durchaus zum Politikum mutieren: *„Sollen nur die engsten Freunde und Verwandten kommen? Soll ich meine Arbeitskollegen mit oder ohne Ehepartner einladen? Kommen die Freunde mit ihren Kleinkindern?"* Als nächstes ergibt sich

Ferien und arbeitsbedingte fixe Termine bei der Terminplanung berücksichtigen!

die Frage, ob die finanziellen Mittel reichen, um die ganze Gästeschar zu bewirten. Dann ist natürlich das Datum der Einladung von Bedeutung, wobei wir berücksichtigen sollten, daß bestimmte Tage oder Zeiten quasi schon im Vorfeld einen gewissen Personenkreis ausschließen – Lehrer oder Eltern mit schulpflichtigen Kindern werden möglicherweise in den Schulferien verhindert sein, während andere Personen unter Umständen, bedingt durch Messetermine, Brauchtumsfeste – wie etwa Schützenfest, Kirchweih oder Karneval – oder sogenannte „Brückentage" (die von vielen für einen spontanen Kurzurlaub genutzt werden), nicht zu Ihrem Fest erscheinen können.

Unterschiedliche Zielgruppen

Bei der Einladung kommt es auch auf die Form der Einladung an. Bei Einladungen im kleinen Kreise, etwa bei guten Freunden, reicht es aus, die Einladung direkt oder per Telefon auszusprechen. Bei der Zusammensetzung der Gästerunde sollten Sie ein Augenmerk darauf haben, daß die Eingeladenen zueinander passen, damit möglichst rasch eine gelockerte Atmosphäre und gute Gespräche aufkommen. Bei größerem Kreis gilt die schriftliche Einladung. Weisen Sie die Eingeladenen darauf hin, daß sie bis zu einem gewissen Termin zu- oder absagen müssen. Verschicken Sie daher die Einladungen so rechtzeitig, daß Ihre Gäste hierfür ausreichend Gelegenheit haben. Damit Sie auch erreichbar sind, sollten auf der Einladung nicht nur Ihre Telefonnummer, sondern gegebenenfalls auch Faxnummer und – bei ganz modernen Zeitgenossen – die E-Mail-Adresse angegeben sein. Insgesamt empfiehlt es sich, die schriftlichen Einladungen etwa drei bis vier Wochen vor dem Fest zu versenden und gegebenenfalls „nachzuhaken". Dabei sollten Sie bedenken, daß sich nur solche Personen blamieren, die ihre Zu- oder Absage zu lange hinausschieben.

Auflockerung durch Festreden

Am einfachsten bricht das Eis, wenn jemand eine Rede hält. Damit dabei alles glatt geht, müssen wir allerdings auch hier im Vorfeld einige wichtige Punkte beachten: Zunächst sollten wir die richtigen Redner „ausgucken", nämlich rhetorisch begabte Menschen, die aber auch inhaltlich etwas Wesentliches vortragen können. Weiterhin sollte der prospektive Festredner auch rechtzeitig informiert werden, damit er nicht aus dem Stehgreif formulieren muß, sondern sich ein paar Gedanken machen kann. Doch auch hier sollten Sie darauf achten, niemanden in seiner Eitelkeit zu kränken und daher als Kandidaten der „Ersten Wahl" stets auch die nächsten Verwandten, die ältesten Gäste und natürlich die engsten Freunde in Betracht ziehen. Wenn Sie diese Besonderheiten berücksichtigt haben, müssen Sie die von Ihnen Ausgewählten natürlich ebenfalls darüber in Kenntnis setzen. Jedenfalls sollte keine Mißstimmung entstehen. Der genaue Zeitpunkt, wann eine Rede gehalten werden kann oder sollte, läßt sich nie so exakt festlegen; im Prinzip sind sie zu jedem Zeitpunkt des Festes möglich, und oft werden sie spontan zwischen den Gängen des Festmenüs gehalten. In jedem Fall sollte der Organisator derjenige sein, der den Applaus eröffnet. Selbstverständlich ist der Gastgeber der erste Redner, da er ja seine Gäste begrüßen muß.

Die Begrüßungsrede muß jedoch nicht steif sein, vielmehr bieten sich auch hier Möglichkeiten, einzelne Gäste der gesamten Runde durch namentliche Nennung vorzustellen.

Die Tischordnung in Stichpunkten

Selbstverständlich stellt es für einen Gastgeber immer die einfachste Lösung dar, bei einer Einladung keine gesetzte Tischordnung vorzusehen. Aber dann gibt es meist Komplikationen. Die Gäste stehen herum und wissen nicht, wo sie sich setzen sollen. So spricht vor allem bei feierlichen Anlässen, wie wichtigen Geburtstagen, vieles für eine feste Tischordnung, die sorgfältig vorbereitet werden muß. Schließlich können einige Gäste auch noch im letzten Augenblick absagen, und dann beginnt das „Spiel“ von neuem.

Einzelheiten: Wer sitzt wo?

Die nun genannten wichtigen Punkte zur Plazierung sollten Sie unbedingt beachten:

1. Gastgeberin oder Gastgeber kann man in der Mitte eines Tisches oder am Tischende plazieren.
2. Der erste (d.h. wichtigste) Ehrengast sitzt nach der internationalen Tischordnung rechts neben der Gastgeberin.
3. Die Ehefrau oder Begleiterin des Ehrengastes nimmt rechts vom Gastgeber Platz.
4. Bei der weiteren Reihenfolge der Gäste entscheiden Kriterien wie hohes Alter oder hohe berufliche Position, aber auch, ob jemand Ausländer oder Träger eines Verdienstordens ist, darüber, wer näher zum Gastgeber sitzt. Diese Personen werden bevorzugt gesetzt.
5. Die restlichen Gäste werden je nach Alter und Position links oder rechts von Gastgeber bzw. Gastgeberin plaziert.
6. Die Anzahl der Tische richtet sich logischerweise nach der Größe der Runde. Ein einzelner großer Tisch reicht beispielsweise bei einem Personenkreis bis zu 30 Personen. Wenn mehr Gäste anwesend sind, sollte man mehrere Tische aufstellen. Runde Tische eignen sich besonders gut für gemeinsame Gespräche.

Eine Tischordnung vermeidet Unruhe, Ungeduld und Umherirren.

7. Was die Tischordnung anbelangt, so sollte man bereits im Eingangsbereich des gastgebenden Hauses gut sichtbar ein sogenanntes „Placement“ aufstellen. Es empfiehlt sich, Kopien dieses Placements auch auf allen Tischen (jeweils an beiden Enden) auszulegen. Schließlich ist es äußerst unangenehm, wenn die Gäste stundenlang nach ihren Tischen oder Plätzen suchen müssen.
8. Tischkarten als Orientierungshilfe für Ihre Gäste empfehlen wir nur bei wichtigen Festen. Bei Tischkarten können Sie durchaus vereinfachend vorgehen. Alle akademischen Titel sollten wegfallen, wie dies übrigens auch bei Staatsbesuchen

üblich ist – es sei denn, daß ein Doktortitel partout gewünscht wird. Im Normalfall heißt es dann beispielsweise statt „Dr. Hans Schmitz" nur „Herr Schmitz". (Wenn es mehrere Personen mit gleichem Namen gibt, muß man natürlich den Vornamen setzen.) Gleiches gilt für akademische Titel bei Damen. Sehr persönlich wirkt es, wenn man den Namen in Handschrift auf die Tischkarte schreibt, um den vertraulichen Charakter der Einladung zu betonen. (Selbstredend sollte die Handschrift klar und gut leserlich sein.) Wenn Sie die jeweiligen Vornamen kennen, dann schreiben Sie nur Vor- und Zunamen und lassen Anrede und Titel weg.

4

Anwesenheitsdauer für Gastgeber und Gäste

Wie lange bleibe ich hier – eine Gratwanderung.

Allein schon aus Höflichkeit sollten wir uns auf einer Veranstaltung weder zu kurz noch zu lange aufhalten. Ungeachtet unserer hektischen Zeit und der damit verbundenen sogenannten Sachzwänge macht es keinen guten Eindruck, wenn ein Gast auch eine informelle Veranstaltung schon nach zehn Minuten wieder verläßt. Generell gibt es immer noch die Möglichkeit, die Gastgeber schon bei der Begrüßung darauf aufmerksam zu machen, daß man leider noch verpflichtet sei, im Anschluß an diese Feier an einer anderen unaufschiebbaren Veranstaltung teilzunehmen. Gleichzeitig können Sie ihnen ja auch mitteilen, wie lange Sie auf jeden Fall hierbleiben wollen. Auf diese Weise haben Sie jede potentielle Verstimmung über Ihr vorzeitiges Verlassen der Feier geschickt vermieden.

Veranstaltung	Beginn, Dauer	Gastgeber	Gast
Arbeitsessen	(ca. 12.30-14.00 Uhr)	15 Min. früher	pünktlich
Gesetztes Mittagessen	(ca. 13.00-15.00 Uhr)	15 Min. früher	pünktlich
Brunch	(ca. 11.00-15.00 Uhr)	15 Min. früher	30 Min. bis 45 Min. nach festgelegtem Beginn
Tee/Kaffee	(ca. 16.00-17.30 Uhr)	10 Min. früher	15 Min. verspätet
Cocktailparty	(ca. 18.00-20.00 Uhr)	15 Min. früher	max. 30 Min. verspätet
Empfang	(ca. 19.00-21.00 Uhr)	15 Min. früher	max. 30 Min. verspätet
Büfett-Dinner	(ca. 20.00-24.00 Uhr)	15 Min. früher	max. 30 Min. verspätet
Gesetztes Abendessen	(ca. 20.00-23.30 Uhr)	15 Min. früher	pünktlich

Gäste sollten bei einem großen Fest mindestens 30 Minuten anwesend sein, bei wichtigen persönlichen Festen wie beispielsweise „runden Geburtstagen" zwei bis drei Stunden.

5

Welche Formalia muss ich bei einer Einladung beachten?

Wie bei vielen Dingen im Leben kommt es auch bei einem Fest darauf an, daß der erste Schritt wohlüberlegt und richtig sein muß. Für die Einladung bedeutet das, daß sie in zwei Punkten formell stimmen muß – oder konkreter gesagt, sie muß rechtzeitig ausgesprochen werden, und ihre äußere Form muß dem Anlaß der Einladung angemessen sein. Vom Zeitpunkt her sollte die Einladung am besten 3 bis 4 Wochen vor dem Festtag erfolgen. Was den zweiten Punkt angeht, sollten wir bedenken, daß sich eine Einladung zum Literaturzirkel oder

Bridgeabend völlig von der Einladung zu einem Galadiner mit vierundzwanzig Gästen unterscheidet.

Einladungen zu beruflichen Veranstaltungen

Um Ihnen einen Eindruck zu vermitteln, welche möglichen Anlässe es gibt (aus denen sich zwangsläufig bestimmte Formen der Einladung ergeben), möchten wir Ihnen nachfolgend ein paar Beispiele nennen.

Für rein geschäftliche Gespräche eignet sich als moderne Form das sogenannte Arbeitsfrühstück, das ursprünglich aus den USA stammt und in einigen Ländern bereits um 8.30 Uhr beginnt. Weiterhin kommen dann das Arbeitsessen zwischen 12.30 und 15.00 Uhr in Frage sowie das Abendessen im kleinen Kreis, das meist zwischen 19.30 und 22.30 Uhr angesetzt wird.

Einladungen zu privaten Veranstaltungen

Wenn wir eine größere Anzahl von Gästen festlich einladen wollen, so eignen sich hierfür am Vormittag das sogenannte „Offene Haus", am Nachmittag der „Cocktailempfang" und abends entweder das „Große Abendessen" (u.U. mit Tischordnung versehen) oder das „Dinerbüfett" (kaltes und warmes Büfett).

Die Form der Einladung ist wichtig.

Nachdem also der Anlaß der Einladung feststeht, müssen wir die zugehörige Form der Einladung wählen. Wenn beispielsweise ein kleinerer Kreis von Freunden zum gesetzten Abendessen eingeladen wird, empfiehlt es sich, diese zuerst direkt, per Telefon oder Fax anzufragen, ob sie theoretisch am geplanten Termin Zeit haben, und erst dann Einladungskarten zu versenden. Falls ein Eingeladener bereits zugesagt hat, schreiben wir das Kürzel *„p.m." („pour mémoire" = „zur Erinnerung")* auf die Karte. (Vorsicht bei englischsprachigen Gästen: Im Angelsächsischen bedeutet *„p.m."* in Verbindung mit Zahlen *„post meridiem"*, zu Deutsch *„nach Mittag"*, ist also eine Zeitangabe: *6 p.m.* bedeutet demnach *18 Uhr.*) Je nach Förmlichkeit und Dringlichkeit hat man also drei Möglichkeiten, die Einladung auszusprechen:

1. mündlich oder fernmündlich (wenn spontan eingeladen wird)

2. schriftlich (per Brief, Karte oder Fax)

3. als Drucksache (allerdings nur bei sehr großen Festveranstaltungen). Kleiner Hinweis: Die preislich reduzierte Drucksache für Privatpersonen ist leider den neuen Sparmaßnahmen des privatisierten Postdienstes zum Opfer gefallen; für Firmen gibt es noch die sogenannte Infopost zu ermäßigten Tarifen. Erkundigen Sie sich auf jeden Fall in einem Postamt, welche Möglichkeiten der Drucksache es heute noch gibt.

TIP

▶ Der rechtzeitige Absendetermin ist wichtig: Die Einladung sollte möglichst zwei bis drei Wochen vor dem Fest eintreffen. Bei ganz wichtigen Festen wie Hochzeiten sollten sie schon vier bis sechs Wochen vor dem Termin verschickt werden.

Bei der mündlichen oder fernmündlichen Einladung teilen Sie Ihren Gästen konkret mit, um was für eine Art Fest es sich handelt, beispielsweise ob ein Geburtstag, ein Jubiläum oder ein anderer Anlaß gefeiert werden soll. Um mögliche Mißverständnisse bei einer mündlichen oder telefonischen Einladung von vornherein auszuschließen, sollten Sie sich als Eingeladener unbedingt den ausgemachten Termin notieren und gegen Ende des Gesprächs noch mal nachhaken, ob Sie ihn auch korrekt aufgeschrieben haben.

DIE ZECHE ZAHLT DER EINLADENDE.

Bei beruflichen Festen sind folgende Formen der Einladung möglich: Kündigen Sie per Telefonat an, daß Sie den Betreffenden einladen wollen. (Diese Art der Voranmeldung ist besonders bei sogenannten „gesetzten Essen" wichtig; in diesem Fall will man schließlich schon genau wissen, wie viele Gäste kommen. Eine Tischordnung ist nämlich nur dann möglich, wenn die exakte Anzahl feststeht.)

Eine Fax-Einladung ist bei ganz wichtigen spontanen, dringenden Einladungen sowie bei solchen Einladungen erlaubt, bei denen der Einladende unter Zeitdruck steht. Die Fax-Einladung können Sie mit der Bitte um Bestätigung verbinden, die dann entweder per Fax bzw. E-Mail und ggf. auch fernschriftlich (sofern der Betrieb überhaupt noch einen Fernschreiber besitzt) erfolgen kann.

Bei gedruckten Einladungen, die heute häufig mit dem PC individuell gestaltet werden können, werden sogenannte Zusagekarten beigefügt. Diese Karten ermöglichen den Gastgebern einen raschen Überblick, welcher Gast in welcher Begleitung erscheinen wird. Wenn eine größere Schar Gäste geladen wird, empfiehlt es sich, auf den Zusagekarten ausdrücklich um Rückantwort bis zu einem gewissen Stichtag zu bitten, etwa in der Form *„Rücksendung der Zusagekarte bitte in jedem Fall möglichst bis zum ...“*. Die Angabe von Telefonnummer einschließlich Vorwahlnummer, Faxnummer und E-Mail-Adresse erleichtern Ihren Gästen die schnelle Rückantwort. Je nach Einladung können Sie wiederum auf die bereits bekannten Kürzel *„u.A.w.g.“* oder *„p.m.“* (s.o. und Kapitel „Festglossar“) zurückgreifen.

TIP

- Vermerken Sie bereits auf der Einladung, in welcher Kleidung Ihre Gäste kommen sollen – beispielsweise in zwangloser Kleidung, festlicher Gala oder frühlingshaft-bunter Garderobe (Frühlingsfest). Gegebenenfalls unterstreichen Sie Ihre Kleidungswünsche auf der Einladung deutlich mit einem Stift.

6

FESTKLEIDUNG

Was das Thema „Festkleidung“ anbelangt, so gelten unabhängig davon, ob wir sie nun freiwillig oder aus gesellschaftlicher Verpflichtung tragen, einige allgemeine Grundsätze, an denen man sich je nach Anlaß und Ausmaß einer Festlichkeit orientieren sollte. Um etwaige Mißverständnisse von vornherein auszuschließen, wollen wir betonen, daß es gerade in Zeiten wie den heutigen, wo alles im Umbruch begriffen und von daher im Prinzip auch fast alles erlaubt ist, im Grunde unmöglich ist, eine für jedermann verbindliche Fest-Etikette festzulegen. Dennoch gibt es bestimmte Grundsätze, die wir in jedem Falle bei einem Fest beachten sollten. Als Faustregel sollte man sich in erster Linie in seiner Garderobe wohl fühlen, und zwar zwanglos. Nur so bleibt die Gesamtatmosphäre einer Feier unverkrampft, und das Fest wird zum Erfolg.

Passende Kleidung zum passenden Anlass

Zu jedem Fest sollte die passende Kleidung getragen werden. So sollten beispielsweise bei einer Hochzeit (die ja *per se* schon eine einmalige Veranstaltung darstellt) nicht nur Brautpaar und Trauzeugen festlich angezogen sein, sondern auch alle übrigen Gäste – getreu dem Grundsatz *„Je wichtiger das Fest, um so festlicher die Kleidung".*

Auswahl der Kleidung

Da ein stilsicherer Geschmack bei der Auswahl von Kleidung nur in den seltensten Fällen angeboren ist, sollten wir bei der Wahl der Garderobe stets das Motto der Veranstaltung vor Augen haben: Bei Sommerfesten ist natürlich sommerliche Kleidung angesagt, während die Garderobe eines Skifestes stets unter dem Motto *„Après Ski"* steht.

Rückfragen beim Gastgeber

Im Zweifelsfall – nachfragen!

Im Zweifelsfall wenden wir uns an die Gastgeber und erfragen direkt, welche Kleidung für die Veranstaltung erwünscht ist. So können wir auch problemlos auf kleine Extrawünsche der Gastgeber eingehen – sei es nun, daß die Herren eine Fliege sowie eine rosa Gardenie im Knopfloch tragen sollen oder daß alle Damen im grünen Kleid erscheinen sollen.

Damen

Da Damen viel mehr Zeit und Mühe für ihre Festkleidung aufwenden als ihre Geschlechtsgenossen, wollen wir uns zunächst ihrer Kleidung widmen, wobei wir auch näher auf Materialien und Accessoires eingehen wollen.

Hochzeit

Entscheidender Blickfang einer jeden Hochzeit ist und bleibt das Brautkleid. Im Gegensatz zu den 60er und 70er Jahren heiratet die Braut heute meist in Weiß. Die weiblichen Hochzeitsgäste orientieren sich bei der Wahl ihrer Garderobe an der Einladung – sie erscheinen entweder im Cocktail- oder Abendkleid, in Abendkostüm oder Mantel bzw. Jäckchenkleid. Als Material werden für Hochzeitskleidung entweder Seide oder feinste Wollstoffe verwendet. Alle Farben und elegante Schnitte sind möglich, wobei Weiß selbstverständlich der Braut vorbehalten bleibt. Das Kleid selbst wird durch Strümpfe und Abendschuhe, wie auch durch Abendtasche, Schmuck, Stola und Seidenblumen abgerundet.

Jubiläum

Sowohl bei Firmenjubiläen wie auch bei außerordentlichen privaten Feiern (hoher Geburtstag, Dienstjubiläum) ist für die Dame Kostüm angesagt, bei besonders feierlichem Rahmen auch Cocktail- oder Abendkleid. Die Kleidung (meist aus Wolle, Seide oder hochveredelter Baumwolle) ist in dunklen, gedeckten Farben gehalten. Ergänzt wird das „Outfit" der Damen durch Strümpfe, Pumps, Seidentuch, Handtasche und Schmuck. Selbstverständlich läßt sich diese „Kleiderordnung" auch auf andere wichtige Feiern übertragen.

Herren

Gerd Roeben, Obermeister der Maßschneider-Innung Köln, nennt folgende fünf wichtige Punkte zum Thema „Festkleidung bei Herren“:

1. Gastgeber sollten nie festlicher gekleidet sein als ihre Gäste. Eine solche Situation läßt sich ganz leicht vermeiden, indem man als Gastgeber bereits zusammen mit der Einladung seinen Gästen einen entsprechenden Hinweis gibt, beispielsweise auf gedruckten Einladungskarten durch den Zusatz *„Smoking oder dunkler Anzug zum Diner erbeten“.*

2. Anzüge oder Kombinationen aus Seide, wie Frack oder Smoking, sollten nur am Abend getragen werden. Denn Seide wirkt erst richtig bei Kunstlicht.

3. Für die obige Situation gibt es nur eine einzige Ausnahme, wenn nämlich eine Hochzeit am Nachmittag (etwa ab 15 Uhr) stattfindet und sich die Veranstaltung in den Abend hineinzieht; in diesem Fall können die Herren (Gastgeber und Gäste) Frack oder Smoking tragen.

4. Was die momentane Festmode für Herren anbelangt, so ist im Rahmen einer gewissen Nostalgie (möglicherweise auch infolge eines veränderten Geschmacks) eine Rückkehr zu früher häufig getragener Festkleidung wie Frack, Cut, Smoking, Stresemann oder dunklem Anzug zu beobachten.

5. Zwar wird die Herrenmode weitgehend von Konfektionsware dominiert, allerdings findet man heute jedoch auch zunehmend maßgeschneiderte bzw. -konfektionierte Festkleidung.

Nachfolgend sollen die wichtigsten Formen der festlichen Herrengarderobe vorgestellt werden.

Der dunkle Anzug

Für festliche Abendeinladungen ist dieser Anzug mit klassischen Streifen oder dezenten Mustern zu empfehlen. Man trägt ihn als Ein- oder Zweireiher; beim Einreiher ist dann eine Weste ratsam. Dunkle Anzüge werden in den Farben Dunkelblau, Dunkelgrün oder Marengo getragen; hierzu paßt ein weißes oder farblich auf den Anzug abgestimmtes Hemd. Dazu empfiehlt sich eine *in puncto* Farbe und Muster dezente, auf den Anzug abgestimmte Krawatte; bei Trauerfeierlichkeiten wird selbstverständlich nur eine schwarze Krawatte getragen.

Der Stresemann

Der Name des Anzugs geht auf Gustav Stresemann, den ehemaligen Reichskanzler und Außenminister der Weimarer Republik, zurück. Der Stresemann wird am Vormittag bei feierlichen Anlässen getragen: Der Anzug besteht aus einem einreihigen, marengofarbigen Sakko, dazu passend eine gestreifte Hose, ein weißes Hemd und eine silbergraue Krawatte.

Der Cut oder Cutaway

Der Cut ist der Frack für den Vormittag und wird nur bei besonders repräsentativen Anlässen getragen, beispielsweise vom Bräutigam bei einer außerordentlich feierlichen Hochzeit. Den Cut gibt es in den Farben Dunkelgrau, Schwarz und Marengo. Dazu passend die zweireihige Weste in Hellgrau oder Pepita, eine grauschwarz, hellgrau oder dunkelgrau gestreifte Hose und ein weißes Hemd mit Stehkragen. Als Schuhwerk wählt der Herr glatte, schwarze, nicht zu leichte Schuhe.

Der Partyanzug

Party-Anzüge: Fröhlichste Form des Smokings.

Dieser Anzug ist die verspielte, fröhliche Form des Smokings für den Nachmittag bei privaten Anlässen. Er besteht aus (meist langem) Sakko, Weste und Schleife oder Schalkrawatte. Die Hose ist schwarz oder besteht aus dem gleichen Material wie der Sakko. Das Hemd kann weiß oder farblich auf den Anzug abgestimmt sein; das Schuhwerk ist wiederum glatt.

Der Smoking

Der aus Großbritannien stammende Smoking ist der feierliche Nachmittags- oder vor allem Abendanzug. Im Gegensatz zum Frack ist der Smoking inoffizieller oder legerer. Es gibt sowohl einreihige wie zweireihige Smokings. Als Kragenform kennen wir den normalen Umlegekragen oder Stehkragen mit kurzen Ecken. Zum Smoking gehört auch meist die schwarze Fliege, wobei heute jedoch auch andere Fliegenfarben möglich sind. Im Sommer oder in wärmeren, südlichen Ländern wird gerne ein weißer Smoking getragen. Die Hose ist normalerweise schwarz; farbige Smokings bilden den Übergang zur Partykleidung.

Der Frack

Platz Nummer eins unter der Abendbekleidung des Herrn nimmt der Frack ein, der meist zu noblen Anlässen wie Opern- oder Pressebällen, Premieren oder Festspielen getragen wird. Die begleitende Dame erscheint im langen Abendkleid. Der moderne Frack ist federleicht. Die gestärkte Hemdbrust ist nicht mehr obligatorisch. Heute trägt man auch weiße Frackhemden aus Seide oder Baumwolle. Zum Frack gehören der Stehkragen, die weiße Pikeeweste, eine weiße Querschleife und Lackschuhe. Statt einer Armbanduhr sollte man eine Taschenuhr tragen.

7

Festgeschenke

Bei wichtigen Festen kommt es nicht nur darauf an, daß wir etwas schenken, sondern was wir schenken. Bei jedem Festgeschenk sollten wir schon ein wenig darüber nachdenken, was dem Beschenkten wohl gefallen mag. Denn wenn dieser erfreut ausruft *„Toll, das ist ja genau das, was ich mir schon lange gewünscht habe“*, können Sie sicher sein, mit Ihrer wohlüberlegten Auswahl voll ins Schwarze getroffen zu haben. Eine schönere Belohnung gibt es doch nicht, oder?
Doch je nach Land und Leuten bestehen erhebliche Unterschiede darüber, was die Qualität eines „guten“ Geschenkes ausmacht. Ein besonders frappantes Beispiel erleben wir dabei in Sachen Brautgeschenke: So ist es in vielen Ländern Afrikas und Asiens üblich, aufgrund der hohen Kosten der Hochzeitsfeierlichkeiten, die sehr oft traditionell von den Eltern der Braut ausgerichtet werden, Geldgeschenke zu überreichen. In Deutschland wäre so etwas außergewöhnlich, es würde manchmal als Beleidigung aufgefaßt werden (obwohl

es, wie eingangs erwähnt, in einer Zeit, wo alles möglich und alles erlaubt ist, auch in diesem Punkte erste Ausnahmen gibt). In Deutschland hat sich gerade in bezug auf Hochzeitsgeschenke eine neue Sitte eingebürgert, die in den Augen der Verfasser nicht ganz unbedenklich ist. Die Brautleute setzen eine Liste auf, in der sie Wünsche zur Aussteuer, Wohnung oder Hochzeitsfeier aufschreiben – woraufhin Verwandte und Freunde anhand dieser Liste dann ein passendes Geschenk aussuchen können. Auch sogenannte „Brauttische", die in manchen Kaufhäusern auf Wunsch des Brautpaars aufgestellt werden, erfreuen sich besonderer Beliebtheit: Hier stellt man dann ein bestimmtes Glas- oder Porzellanservice aus, dessen Einzelteile von den Gästen erworben werden können – dies ist natürlich keine sehr originelle Geschenkidee, sondern birgt obendrein noch Schleichwerbung für das jeweilige Geschäft! So praktisch solche Brauttische und Geschenklisten sein mögen, in den Augen der Verfasser entbehren sie häufig individuellen Charmes – der ja wesentlicher Charakterzug eines Festgeschenkes ist. Wenn wir also kein „Null-acht-fuffzehn-Geschenk" machen wollen, sollten wir folgende Überlegungen berücksichtigen:

WER DIE HOBBYS DER GASTGEBER KENNT, HAT BEI DER AUSWAHL DER GASTGESCHENKE WENIGER SORGEN.

1. Welche Interessen oder Hobbys hat derjenige, den wir beschenken wollen? Bastelt er gerne, oder ist sie eine Leseratte? Besucht der Jubilar gerne moderne Kunstausstellungen, oder liebt er alte Ufa-Filme? Hört das Geburtstagskind lieber Beethoven- oder Beatles-Platten? Besteht Interesse an offenen Sportwagen, Segelflugzeugen oder guten Weinen, oder spielen die Brautleute gerne Squash oder gar Golf? Halten sie es lieber mit Bergtouren im Hindukusch, oder stehen sie mehr auf Wattwanderungen am Jadebusen? Kurzum, bei einiger Überlegung bieten sich Tausende von Möglichkeiten, ein passendes Festgeschenk zu wählen. Allerdings sollte man aufpassen, wenn es um politisch oder religiös angehauchte Geschenke geht – da kann man leicht einmal jemandem auf die Füße treten. Bei einem überzeugten Atheisten wäre es beispielsweise glattweg unangebracht, ihm zum 65. Geburtstag eine Anthologie mit Heiligenlegenden zu schenken, während umgekehrt eine Mao-Bibel sicherlich auch kein so geeignetes Primizgeschenk für einen jungen Priester wäre.

MASSVOLL SCHENKEN!

2. Mit den Geschenken sollten wir es genauso wie mit unserem sonstigen Verhalten halten – nämlich alles in Maßen. Die Angemessenheit eines Geschenks richtet sich vor allen Dingen nach dem Verhältnis zwischen Gastgebern und Schenkendem. Ein eng verwandter Onkel mag sicherlich mehr anlegen als eine angeheiratete Cousine, wie auch ein Schulfreund aus Kindheitstagen mehr investieren wird als ein Arbeitskollege, der den Jubilar erst seit einem halben Jahr kennt. Eine „Goldene Lösung" für das Ausmaß eines Geschenkes gibt es nicht – doch sollten wir die Grenze zu wahren zwischen „Zuviel" und „Zuwenig".

8

DAS EDLE DRUMHERUM

KORREKTES SERVIEREN

Nun, gutes Essen und Trinken sollten nicht der ausschließliche Erfolgsgarant eines Festes sein, aber dennoch stellen sie einen wichtigen Bestandteil dar. Nicht ganz unwesentlich ist dabei auch, daß wir die allgemein anerkannten Regeln darüber, wie Speisen vorgelegt oder Getränke eingeschenkt werden, zu Hause ebenfalls beachten – belegt dies doch, daß wir wissen, was gute Manieren sind. Unabhängig von jeglicher emanzipierter Grundhaltung zur Gleichberechtigung von Mann und Frau finden wir es doch richtig, daß die kavalierhafte (unseretwegen antiquierte) Auffassung erhalten bleibt, wonach Damen zuerst bedient werden.

Oberste Grundlagen für das Servieren zu Hause (und auch beim Auftragen des Essens in einem Restaurant): *Speisen werden von links angereicht, während Getränke von rechts eingeschenkt werden.*

Der Gastgeber erhält das erste Glas Wein zur Probe; sagt ihm dieser zu, so kann der Wein auch den übrigen Gästen eingeschenkt werden.

Wie lege ich korrekt das Festessen vor?

Zur Reihenfolge der Bedienung bei Essen, an denen Damen und Herren teilnehmen:

1. Die älteste bzw. ranghöchste Dame – in der Regel also die Ehefrau oder Begleiterin des Vorgesetzten (sofern dieser eingeladen ist) – wird als erste bedient.
2. Anschließend werden alle Damen der Reihe nach (d.h. in der Reihenfolge der Sitzordnung) und nicht (!) dem Rang nach bedient.
3. Zum Schluß sollte die Gastgeberin bzw. Gattin oder Begleiterin des Gastgebers bedient werden.
4. Nun erst kommt der vom Alter bzw. von der gesellschaftlichen Position ranghöchste Herr an die Reihe.
5. Danach werden alle Herren der Reihe nach bedient, wie sie am Tisch sitzen.
6. Als letzter sollte dem Gastgeber aufgetragen werden.

Häufig kommt es insbesondere im Berufsleben vor, daß nur Herren an einem Essen teilnehmen. Dann sollte folgende Reihenfolge beachtet werden:

1. Zuerst wird der ranghöchste Gast bedient, beispielsweise ein Familienoberhaupt, Firmenchef, der Leiter einer besuchenden Delegation oder ein Vereinsvorsitzender.
2. Nach ihm werden alle Herren der Reihe nach und nicht ihrem Rang entsprechend bedient.
3. Als letzter sollte der Gastgeber bedient werden.

Wie deckt man eine Festtafel?

Die oben genannte Frage, wie man nämlich eine Festtafel stilvoll eindeckt, stellen sich viele Gastgeber, wenn sie zu Hause vor einem solchen Anlaß stehen. Deshalb möchte wir Ihnen an dieser Stelle verraten, wie die Bestecke gelegt werden. Als einfach zu merkende Grundregel gilt, daß Bestecke immer in der Reihenfolge gelegt werden, wie man sie benötigt.

Korrektes Tischdecken – Schritt für Schritt.

Das Ganze nun im „Schritt-für-Schritt-Durchgang“:

1. Außen rechts und links liegen jeweils die Messer und Gabeln für die Vorspeise.

2. Dann folgen innen liegend Messer und Gabel für den Hauptgang (Fleisch, Wild).

3. Unter Umständen liegen hier auch die Bestecke für den Fischgang. (Ein Fischbesteck ist recht einfach zu erkennen: Moderne Fischgabeln besitzen nur drei anstatt vier Zinken, darüber hinaus haben ältere – vierzinkige – Fischgabeln oft eine tiefer ausgezogene, mittlere Einkerbung. Sicheres Erkennungsmerkmal eines Fischmessers ist die spitz ausgezogene, stumpfe Schneide.)

4. Oberhalb des Tellers liegen die Suppenlöffel, ferner die Bestecke für die Nachspeise, insbesondere kleine Dessertlöffel. Häufig werden Brotteller aufgestellt; diese kleinen Teller sollten oberhalb des großen Tellers stehen, wobei ein spezielles, kleineres Buttermesser griffbereit diagonal über dem Teller liegt. Der Brotteller wird gegebenenfalls im Verlauf des Essens gegen den Salatteller ausgetauscht.

Doch wohin stellen wir nun Gläser? Auch die Gläser werden immer in der Reihenfolge plaziert, wie sie benutzt werden. Ganz rechts steht also das Glas, das bei der Vorspeise benutzt wird, dann folgen die Gläser für die Hauptgänge, und ganz innen steht dann das Glas für den Sekt oder Champagner, den man zur Nachspeise serviert.

Tip

▶ Für Leute, die selten Wein trinken: Das Rotweinglas ist das größere, meist relativ bauchige Glas, das man auch als Wasserglas nehmen kann, wenn man keinen Rotwein trinkt.

9

Festreden

Wir alle oder die meisten von uns sind keine „Rede-Profis". Deshalb ist es notwendig, daß wir hier Anregungen geben, wie man bei Festreden am besten vorgeht. Diese erfolgen in Stichworten, weil wir Ihnen ja die individuelle Gestaltung und Ausschmückung Ihrer Rede möglichst selbst überlassen möchten.

Begrüßung durch Gastgeberin und Gastgeber

Für Gastgeber ein Muss: Begrüßung der Gäste!

Selbstverständlich muß derjenige, der zum Fest geladen hat, seine Gäste begrüßen. Eine namentliche Erwähnung einzelner Anwesender ist dann angebracht, wenn es sich beispielsweise um Würdenträger (Politiker, Geistliche) oder aber solche Gäste handelt, die selbst an diesem Tag Geburtstag oder Namenstag haben. Bei der Begrüßung beginnt der Gastgeber mit den Worten *„Meine Damen und Herren ..."* – er richtet sich also zuerst höflich an anwesende Damen –, während eine Gastgeberin bei der Begrüßung ihrer Gäste als erstes die Herren anspricht, nämlich *„Meine Herren und Damen ..."* – ein banaler Unterschied, der aber in 99 Prozent aller Ansprachen falsch gemacht wird.

Thema der Festrede

Jeder Festredner sollte sich darüber klar sein, welche Festgesellschaft er vor sich hat – insbesondere, welche unterschiedlichen sozialen, gesellschaftlichen, politischen oder religiösen Standpunkte im Publikum vertreten sind. Thematisch ist im Prinzip alles erlaubt, nur darf man sein Publikum nie vor den Kopf stoßen, auch sollte man unerfreuliche Themen und Lügengespinste tunlichst vermeiden. Am besten ist daher, wenn Sie die genannten Standpunkte und Interessen des Publikums bei der Wahl Ihrer Themen im Hinterkopf behalten und berücksichtigen, die Details ergeben sich dann von ganz allein.

Tip

- Ein optimaler rhetorischer „Aufhänger" ist übrigens immer der Anlaß des Festes.

Das Vortragen der Rede

Fast noch wichtiger als der Inhalt der Rede ist die Art, wie sie vorgetragen wird. Am besten ist selbstverständlich ein völlig freier Vortrag (der dann mit Sicherheit auch nicht zu lang gerät), ein Spickzettel mit wichtigen Stichworten ist dabei immer von Vorteil. Wer sich nicht zutraut, frei zu reden, liest halt ab. Nehmen Sie ab und zu Blickkontakt mit einzelnen Personen im Publikum auf. Auf gar keinen Fall die Hände in die Hosentaschen stecken! Genauso unpassend ist es, sich am Rednerpult hinzulümmeln, oder anzügliche oder zotige Bonmots einzustreuen. Oberstes Gebot ist jedoch, daß Sie sich kurz fassen, denn *„man darf über alles sprechen, nur nicht über dreiviertel Stunden"*.

Der Aufbau der Rede

Nachdem man die Zuhörer begrüßt und den Anlaß genannt hat, warum man sich zu diesem Fest getroffen hat (Geburtstag, Namenstag, Jubiläum), sollte man auf angenehme Erinnerungen eingehen, die den Vortragenden und die Gastgeber verbinden – beispielsweise den Abschlußball, auf dem man sich vor 30 Jahren kennengelernt hat, die nette Kegelfahrt an die Ahr, oder die gemeinsam durchmachten Erfahrungen im Berufsleben. Neben den besonderen *„Highlights"* aus dem Lebenslauf des Jubilars oder der Geschichte der Firma (bei Betriebsjubiläen) kann man aber durchaus einen Ausblick auf die Zukunft riskieren – etwa *„Wenn Sie in zehn Jahren von Ihrer Weltumseglung zurückgekehrt sind ..."*. Abschließend bietet es sich immer an, einige Dankesworte an vorausgegangene Redner oder an einsatzfreudige Helfer auszusprechen. Denn wir wissen ja alle, daß Feste nicht nur mit viel Mühen, Engagement und finanziellem Aufwand verbunden sind, sondern meist auch viel Zeit und Nerven kosten.

10

Das Neue und Moderne an Festen

„Nur wer sich wandelt, ist mir verwandt“ (Goethe)

Dieser Spruch des Meisterdichters trifft sicherlich auf Feste zu, denn auch sie verlangen nach zeitgemäßer Form. Moderne Feste sollten weithin Neues bringen, und in gewissem Sinne symbolisieren und manifestieren sie so den Geist unserer Zeit. Wir wollen mit wenigen Worten aufzeigen, was Neues und Modernes bei unseren Festen bewirken kann, und Ihnen so Anstöße geben, Feste auch mal ganz anders auszurichten. Wie Sie das bewerkstelligen, bleibt selbstverständlich Ihrem persönlichen Geschmack und Ihrer eigenen Kreativität überlassen.

Zahlreiche Fest-Bezugspunkte

Feste hatten in früheren Zeiten meist kirchliche Feiertage zum Anlaß; gute Beispiele hierfür sind Kirchweih oder das alljährlich begangene Fest eines Schutzpatrons, aus dem häufig dann Jahrmärkte und Kirmes hervorgingen. (Der Begriff „Kirmes“ entstand aus dem Wort „Kirchmesse“.) Auch der Geburtstag des jeweiligen Landesherren war ein Anlaß zum Feiern; später kamen dann Brauchtumsfeste wie Schützenfeste (die aus der alljährlichen Musterung der Bürgerwehren hervorgingen), Feuerwehrfeste und in den katholischen deutschen Ländern die Karnevalsfestlichkeiten auf, wie wir sie heute noch kennen. Gegen Ende des 20. Jahrhunderts brauchen die Menschen ganz offenbar keine fixen Termine, um mal so richtig „abzufeiern“, wie die jungen Leute sagen – wobei sie vermutlich weniger an Jahrmärkte oder Schützenfeste denken als vielmehr an spontane Techno-Partys auf dem Potsdamer Platz in Berlin (vor dem Umbau!). Wenn man allerdings genauer hinsieht, scheint es so eine Art Gesetzmäßigkeit zu geben, wonach im Prinzip jedes Festival, das sich Jahr für Jahr wiederholt, irgendwann zu einem Ritual „verflacht" – sei es nun das Münchner Oktoberfest, der Düsseldorfer Karneval, der Wurstmarkt in Bad Dürkheim oder die Love Parade in Berlin. Wie gesagt, es bietet sich immer ein Grund, spontan ein Faß aufzumachen und eine Fete steigen zu lassen – ein selbstgezimmertes Gartenhäuschen, oder der erste aufkeimende Waldmeister laden doch geradezu zu einem Grillfest oder einer Maibowle im Freundeskreis ein. In den Universitätsstädten gibt es Semesteranfangsfeten und natürlich auch -abschlußfeiern (ganz egal, wie das Semester gelaufen ist) – selbstverständlich separat nach Fakultäten oder Fachschaften, damit man auch möglichst jede Woche feiern kann. Dann gibt es Straßenfeste, Kneipenfeste, Schwofpartys, Bälle der einsamen Herzen, und jede größere Gemeinde wartet mit einem „Altstadtfest" oder zumindest einem „Stadtfest" auf. Schließlich soll es sogar Menschen geben, die das Ende ihrer Beziehung mit einer Art „Kehraus-Party" begehen – wie Sie sehen, gibt es nichts, was es nicht zu feiern gilt.

MULTIKULTURELLES

Durch die Vielzahl unserer Ferienorte, aber auch die Vielzahl von Ausländern, die in unserem Land leben, geschieht es auch immer häufiger, daß ausländische Speisen und Getränke in unsere Feste integriert werden. Warum sollten wir eigentlich nicht das Chinesische Neujahrsfest begehen, indem wir ein chinesisches Festessen mit Frühlingsrollen, gebackener Ente, Wantans und Reiswein ausrichten? Was hindert uns daran, eine Mischung von Asiatischem, Afrikanischem und Europäischem als multikulturelles Ereignis herauszustellen?

Frauen: Initiatoren von Festen

Frauen planen oftmals die besseren Feste.

Ohne wieder mal die oft zitierte „Alibifrau" ins Spiel bringen zu wollen, müssen wir neidlos eingestehen, daß es heute mehr denn je Frauen sind, die bei der Planung eines Festes die Initiative ergreifen und bei seiner Durchführung auch eine außerordentliche Standfestigkeit beweisen. Viele Frauen sind in diesem Punkt engagierter und zielbewußter als Männer. Während Frauen früher ja oft eher mit den Schattenseiten eines Festes konfrontiert waren (Berge von gebrauchtem Geschirr, weinbefleckten Tischtüchern und dazu noch einen verkaterten Hausherrn), sollten sie im Zeitalter der Gleichberechtigung auch stärker am Spaß beteiligt sein, der bislang oft nur den Herren der Schöpfung vorbehalten war. Im Sinne einer wechselseitigen Gleichstellung impliziert das allerdings auch, daß manche Verpflichtungen, wie beispielsweise eine Laudatio, durchaus auch von Frauen übernommen werden sollten. Also, meine Damen, trauen Sie sich und halten auf einer Geburtstagsfeier ruhig einmal als erste die Festrede – niemand hat das Recht, Ihnen deshalb irgendwelche Vorhaltungen zu machen, ohne selbst als hoffnungslos antiquiert und ewig Gestriger zu gelten. Und was das Aufräumen anbelangt, meine Herren, so ist noch keinem ein Zacken aus der Krone gebrochen, wenn er nach einem Festessen, bei dem er seinen Chef nebst Gattin eingeladen hat, zusammen mit der eigenen Frau den Abwasch macht – geteiltes Leid ist halbes Leid.

Hauptsache, Spass gehabt

Der Anlaß eines Festes wird seit jeher von Mode und Zeitgeist geprägt: Vor der Aufklärung waren es die Religionen, die dem Menschen seine Feiertage vorschrieben, in den Zeiten des aufstrebenden Bürgertums hingegen wollte man sich selbst und auch seine materiellen Erfolge darstellen, was zum Teil – etwa bis zum Ende der 60er Jahre – auch zu starken gesellschaftlichen Verpflichtungen und einer starren Fest-Etikette führte. Heute, im Zeitalter des Individualismus, stehen Auslöser und Erfolg einer Feier unter einem völlig anderen Gesichtspunkt. „Spaß" (neudeutsch „Fun") ist das Zauberwort, und Spaß gilt als das Hauptmotiv für die meisten Feste. Der Gastgeber hat Spaß am Fest, die Gäste sollen Spaß empfinden, und in der Erinnerung soll das Fest als großer Spaß fortleben.

Mitwirkung von Ausländern

Ganz zweifellos gibt es eine Handvoll – im wahrsten Sinne des Wortes – „schwarzer Schafe" von extrem nationalistisch denkenden Mitbürgern, die keine Ausländer zu einem Fest einladen. Das ist aber wohl die Minderheit. Persönlich empfinden wir es als besondere Bereicherung, wenn wir ausländische Freunde auf unseren Festen begrüßen dürfen – schließlich können wir uns auf diese Weise aus erster Hand über andere Länder, Sitten und Gepflogenheiten informieren. Möglicherweise wird so manches Vorurteil, das wir vielleicht aus Unkenntnis gefällt haben, aus der Welt geräumt, und die „multikulturelle Gesellschaft", die ja zur Zeit in aller Munde ist, hat für uns ganz persönliche Züge angenommen. Diese Gesellschaft aus Menschen verschiedenster Nationen, die friedlich neben- und miteinander leben und einander respektieren, ist uns vielfach gar nicht so bewußt, da wir sie nicht wahrnehmen wollen. Sehr viele Mitarbeiter im Dienstleistungsbereich stammen aus dem Ausland – die türkische Änderungschneiderin oder der iranische Inhaber eines Fotokopiergeschäfts genauso wie der griechische Kellner, die polnische Putzfrau oder der Tellerwäscher aus dem Senegal. Und wer diese Menschen nicht sieht, aber tagtäglich in seiner Mittagspause von Pizza, Döner oder Coca Cola lebt, auf dem Heimweg rasch beim chinesischen Schnellimbiß eine Portion Chop Suey ersteht und diese zu Hause genüßlich bei einem Gläschen Rioja oder Pinot Grigio verzehrt, der wird wohl nicht abstreiten können, daß er in einer multikulturellen Umwelt lebt.

Gesellschaftliche Durchlässigkeit

Ein entscheidender Unterschied zu den Festen früherer Zeiten besteht heute in der gesellschaftlichen Zusammensetzung der

Soziale Hindernisse können durch gemeinsames Feiern abgebaut werden.

Gäste. Waren es früher ausschließlich die Mitglieder einer homogenen gesellschaftlichen Schicht, die dann auch nur unter sich feierten, so bestehen heute erfreulicherweise keine Begrenzungen oder gar Ausgrenzungen mehr. Auf einem Fest kann sich ein Professor mit einer Kindergärtnerin unterhalten, während beispielsweise ein Großkaufmann einen Azubi mit Getränken versorgt. Hierdurch entsteht häufig ein viel stärkeres Zusammengehörigkeitsgefühl zwischen unterschiedlichen Bevölkerungskreisen, und es ergeben sich Gespräche, die einen weiten Themenkreis abdecken – obwohl man schmunzelnd feststellen muß, daß diese Themen trotz aller Emanzipation sehr oft geschlechtsspezifische Schwerpunkte haben: So unterhalten sich die Herren recht oft über Sport (Fußball!), Politik, Börsenkurse, gute Weine oder die neusten Software-Updates, während andererseits die Damen verschiedener Kreise gerade bei Themen wie Kindererziehung und Küchenrezepten schnell ins Gespräch kommen. Diese Vermischung der ehemaligen Klassen auf neutralem (Feier)Boden hat natürlich auch zur Folge, daß das pauschale Vorurteil *„Die da oben feiern ja nur, und wir da unten malochen"* jeglicher Grundlagen entbehrt. Feiern und Feste haben also nicht nur alle gesellschaftlichen Schichten erfaßt, sondern werden auch viel offener begangen.

Flucht vorm Fest: Neue Art des Feierns

In den letzten zwei Jahrzehnten hat sich innerhalb mancher Bevölkerungskreise von Großstädten wie Köln, München oder Düsseldorf die Sitte eingebürgert, vor sogenannten Brauchtumsfesten wie etwa Karneval (bzw. süddeutschem Fasching), Oktoberfest oder der „Größten Kirmes am Rhein" die Flucht zu ergreifen, um möglichst weit weg von alkoholisierten, schunkelnden Massen einige Tage der Ruhe und Erholung zu verbringen. Nun, der eine oder andere mag sich wirklich fernab jeglichen Festtrubels erholen; viel interessanter finden wir es jedoch, daß ein nicht geringer Teil dieser „Flüchtlinge" andernorts mit Freunden, Bekannten oder Vereinsmitgliedern ein völlig anderes Fest feiert. Nicht wenige betrachten mit einem Hauch von Wehmut das muntere Treiben in der „Glotze" und bedauern im stillen, nicht doch mit einer Stange Kölsch in der Hand auf dem Kölner Neumarkt mitzufeiern.

(Vergleichbare Heimwehgefühle können natürlich bei jedem Abtrünnigen einer Brauchtumsveranstaltung ausgelöst werden, seien es nun die Cranger Kirmes, das Neusser Schützenfest, der Cannstädter Wasen oder der Maimarkt in Mannheim.)

Dienstleistungsagenturen für Feste

Die moderne Dienstleistungsgesellschaft gewinnt selbstredend auch bei der Organisation und Durchführung privater Feste an Bedeutung; kleine Gastronomiebetriebe („Partyservice") und ähnliche Agenturen werden heute nicht nur zu offiziellen Anlässen durch größere und kleinere Firmen bemüht, sondern zunehmend auch von privater Hand für Geburtstagsfeste oder Jubiläen in Anspruch genommen – eine Entwicklung, die sich übrigens nicht nur auf die serviceverwöhnten Großstädter beschränkt, sondern sich auch auf dem Lande zunehmender Beliebtheit erfreut. Die Servicepalette solcher „ambulanten Restaurants" umfaßt neben dem klassischen Kalten und Warmen Büfett auch jahreszeitliche Angebote wie beispielsweise ein komplettes Barbecue inklusive Salate, Grillkohle und Getränke; darüber hinaus werden oft nicht nur komplette Partyausrüstungen (Gläser, Besteck, Zapfanlagen bis hin zum Festzelt) verliehen, auch das Aushilfspersonal wird gegebenenfalls gestellt. Ein besonderer Clou ist die „Leihköchin", die bereits einige Tage vor einem Festessen ins Haus kommt, bei der Zusammenstellung des Menüs berät und alle Zutaten besorgt. Am eigentlichen Festtag dann garantiert sie nicht nur ein gelungenes Gourmetessen, vielmehr deckt sie auch die Tafel stilvoll ein, serviert formvollendet das Essen – und erledigt dann sogar den Abwasch. Zugegebenermaßen büßen Feste dadurch manchmal etwas an persönlichem Charme ein; allerdings handelt es sich dabei ja eigentlich nur um den rein kommerziellen Auswuchs eines anderen „Feten-Trends" unserer Zeit, daß nämlich alle Gäste bei den Festvorbereitungen mithelfen, sei es nun beim Kartoffelschälen für das Gratin, beim Aufbauen des Partyzeltes im Garten oder beim gemeinsamen Aufräumen nach einem Polterabend – ein erfreulicher Trend, der vor allem bei jüngeren Leuten vielfach zu beobachten ist. Dieses Miteinander fördert quasi als Katalysator das Gemeinschaftsgefühl und die positive Erinnerung an ein derart zelebriertes Ereignis.

Dienstpersonal kann man heute wieder mieten.

Feste als Erlebniswelten

Doch nicht nur die Dienstleistungsgesellschaft ist ein Kind unserer Zeit, auch die „Erlebnisgesellschaft“ ist zweifellos genauso charakteristisch für die westliche Kultur des ausgehenden 20. Jahrhunderts. *„Genuß sofort“* riet vor etlichen Jahren ein Werbeaufkleber, und dieser Spruch ist symptomatisch für unsere heutige Mentalität. Was ich nicht heute auf der Stelle erleben kann, das habe ich morgen verpaßt – der ewige Jugendkult der Werbung und die Betonung jeglicher Verpackung tragen ihrerseits dazu bei, diese Geisteshaltung zu verstärken, so daß auch Feiern und Feste davon betroffen sind. Vielfach hat man heute ja schon das Gefühl, nur noch auf einer einzigen großen Party zu sein. Damit also ein Jubiläum überhaupt noch bemerkt wird, muß es schon – wie im Märchen von des Kaisers neuen Kleidern – in einer neuen Aufmachung erscheinen, selbst wenn sich das nur in einer anderen Bezeichnung äußert. Die englische Sprache, von ihrer Struktur her wie keine andere geeignet, die neuartigen Probleme unserer Zeit kurz und knapp in neue Wörter zu packen (die mitunter dann auch zur Worthülsen mutieren), hat daher auch einen innovativen Begriff für besonders wichtige Feste parat – den sogenannten *„Event“* (was eigentlich ganz banal nur *„Ereignis“* bedeutet). Sei es nun aus selbstkritischer Betrachtung oder aus christlicher Demut – im Grunde genommen sollten wir uns nicht allzu wichtig nehmen; trotz dieser kopflastigen Hemmschwelle stellen wichtige Geburtstage, Taufe oder Hochzeit nun mal für uns persönlich sehr große Ereignisse dar, die nicht nur uns, sondern für alle Beteiligten zum *„Highlight“* werden sollen. Wenn alle „mit-machen“, wird das Fest – ob es nun Event oder Silberhochzeit heißt, ist schnurzegal – auch „er-lebt“ und bleibt mit allen Höhen und Tiefen (die ja auch zum Leben gehören) in „lebendiger“ Erinnerung. Aus einer Verpflichtung als Gastgeber wird schnell ein pures Vergnügen, wenn wir sehen, wie sich unsere Gäste amüsieren; Ärger, Hetze und der während der Vorbereitung mehrfach unter Flüchen geäußerte Vorsatz, nie wieder ein Fest dieses Ausmaßes feiern zu wollen, sind in solchen Momenten wie weggeblasen.

Aber auch für den Gast bedeutet „Er-leben“ eine aktive Beteiligung; man muß auch mal von sich aus auf andere zugehen, ihnen mit kleinen Nettigkeiten und Witz begegnen, vielleicht mal einer Dame Feuer geben oder seinem Gesprächspartner ein Bier vom Faß mitbringen, ja es reicht oft auch aus, einer Person nur mal verständnisvoll zuzuhören – und schon wird das Fest zum persönlichen „Er-lebnis". Wer sich jedoch still an den Rande des Geschehens zurückzieht, den ganzen Abend mit niemandem redet und meint, ein „Erlebnis-Fest" passiv konsumieren zu können, der lebt leider im falschen Film: Im richtigen Leben gibt es keine Fernbedienung, mit der man sich mal eben in einen anderen Erlebnis-Kanal „hineinzappen" kann, sondern man muß – wie früher im öffentlich-rechtlichen Fernsehen – bis zum Sendeschluß dabeibleiben; und da liegt es doch auf der Hand, voller Begeisterung mitzumachen, um mal richtig was zu erleben.

11

Die Zukunft der Feste – ein kurzer Ausblick

Bereits heute erleben wir alle neue Formen der Festlichkeiten: Besonders in gewissen Großstadtkreisen häufen sich die Einladungen zu Wohnungseinweihungen, Jubiläen, Gedenkfeiern, Vernissagen oder Galerieeröffnungen. Selbstverständlich sind viele dieser „Events" getarnte Werbe- oder PR-Veranstaltungen, zu denen man prospektive Geldgeber einlädt – denn mal Hand aufs Herz, ohne diese Sponsoren und Mäzene wären viele kulturelle Veranstaltungen (mit Ausnahme der öffentlich geförderten Theater oder Opernhäuser) heute kaum noch möglich. Allerdings – sehen so die Feste der Zukunft aus? Mit welchen Entwicklungen können wir auf dem Sektor „Feste feiern" rechnen? Als echte Kinder unserer Zeit sind wir natürlich in gewissem Sinne dem Zeitgeist verfallen – jeder will „in" sein, will dazugehören, und dieser Trend muß sich auch irgendwie in den Feten und Partys niederschlagen. Hauptziel vieler heutiger Feste ist – wie auch vom Veranstalter betont –, bestimmten Zeiterscheinungen wie Streß, Langeweile, Vereinsamung und Kommunikationslosigkeit entgegenzuwirken. Daß diese Übel vielfach mit der jeweiligen Persönlichkeit eines Menschen in Zusammenhang stehen, ist eine Binsenweisheit. Doch leider scheint es eine Art Naturgesetz zu geben, wonach es immer nur bestimmte wenige Menschen sind, die ihre Umwelt fesseln und aus ihrer Lethargie herausholen, während andere nie von sich aus die Initiative ergreifen; erstere sind meist auch diejenigen, die Feste ins Leben rufen. Somit ist klar, daß auch in Zukunft die Initiative für Festlichkeiten von einer kleinen Handvoll Menschen ausgehen wird.

GEGEN STRESS, LANGEWEILE, VEREINSAMUNG

Doch was werden die zukünftigen Anlässe solcher Feste sein? Nun, eine exakte Prognose läßt sich aufgrund der sehr flatterhaften Natur des Zeitgeistes natürlich nicht aufstellen, aber mit Sicherheit werden drei Themenkreise dabei sein, die schon seit eh und je (wenn auch vielleicht unter anderem Namen) Aufhänger für Feste waren: Zum einen sind es Feste, die ein bestimmtes Ereignis wieder in Erinnerung bringen wollen (z.B. Geburts- und Hochzeitstage, Abiturtreffen), dann zweitens die Feste, die bestehende Verbindungen durch die Feier bestätigen oder vertiefen (Vereinsfeste, Firmenjubiläen), und drittens dann die reinen Familienfeste, die im Prinzip dem gleichen Zweck dienen wie der zweite Typus, nur werden Familienbande vertieft.

DREI ZEITLOSE HAUPTANLÄSSE FÜR EINE FETE

Mit viel Elan, Kreativität und Ungezwungenheit läßt sich jedes Fest optimal gestalten. In Abschnitt II möchten wir Ihnen anhand konkreter Situationen aus dem Alltag zeigen, wie Sie die graue Theorie kinderleicht in die Praxis umsetzen können. Die „Neue Form des Feierns“, wie wir sie verstehen, soll Ihnen dabei helfen, negative Zeiterscheinungen zu überwinden. Gerade in der gegenwärtige Phase, die von vielen Mitmenschen als kühl, herzlos und übertechnisiert empfunden wird, helfen Feste, menschliche Wärme und das Gefühl des Miteinanders zu vermitteln. Metaphorisch betrachtet, befinden wir uns in einer ähnlichen Situation wie die Frühmenschen vor 10 000 Jahren – nur daß unsere „Eiszeit“ nicht klimatisch bedingt, sondern durch zunehmende Kälte der

Menschen untereinander entstanden ist. Nun, gegen diese soziale „Vergletscherung" empfehlen wir Ihnen das gleiche Rezept, mit dem sich wahrscheinlich schon unsere Vorfahren geholfen haben – rücken Sie in Ihren „Wohnhöhlen" zusammen, um mit anderen zu feiern, lassen Sie mal ein paar Konventionen über Bord gehen und andere Menschen an sich herankommen. Auf diese Weise können Sie in unserer unübersichtlich gewordenen, kalten High-Tech-Welt auf ganz einfache Weise menschliche Wärme erzeugen und erhalten.

Privatbereich

Stärker als bisher sollten unserer Meinung nach private Erlebnisse, an die wir uns besonders gerne erinnern, gefeiert werden: Das kann beispielsweise der Jahrestag sein, an dem man seine langjährigen Freunde auf einem Wanderurlaub im Schwarzwald kennengelernt hat, genauso aber auch der Jahrestag, an dem sich Ehepartner oder ein miteinander befreundetes Paar zum ersten Mal begegnet sind, oder der Sohnemann, der heute Zahnarzt ist, seinen ersten Milchzahn verlor. Des weiteren bieten sich Abitur- oder Jahrgangstreffen an, nicht nur von der Schule, sondern auch von Kindergarten, Berufsschule oder Universität, Wiedersehenstreffen von Reisegruppen, die sich sehr gut verstanden haben, und so weiter – der Phantasie und Kreativität sind in dem Punkte, was Anlässe angeht, keine Grenzen gesetzt.

Berufsbereich

Auch hier bestehen viele Möglichkeiten, Erinnerungsfeste ins Leben zu rufen – was nicht nur das grundsätzliche Feierbedürfnis der Menschen befriedigt, sondern gleichzeitig auch den positiven Nebeneffekt hat, daß sich durch die Feier auch das Betriebsklima bessert. Als Anlässe bieten sich neben der Firmengründung, neben Beförderungen und Jubiläen, auch bestimmte Geschäftsabschlüsse an, daß eine Messe gut lief oder daß beispielsweise der 100 000. Kunde eines Geschäftes gezählt wurde. Analog sollten sich auch Clubs und Vereine überlegen, wie sie ihre „Karteileichen" vielleicht durch ein spritziges Erinnerungsfest, etwa den 100. Geburtstag eines Gründungsmitgliedes, wieder neu motivieren; vielleicht bewirkt ja die Laudatio auf die Traditionen des Gründers bei dem einen oder anderen Mitglied, daß sich dieses angesprochen fühlt und zukünftig stärker engagiert. Manche großspurigen Ziele wie Aktivitäten für Behinderte und die Dritte Welt drohen in Vergessenheit zu geraten, und an die Stelle von inhaltslosen Jubeltreffen sollten kreativ gestaltete Feste mit echtem Erlebnis- und Erinnerungsinhalt treten und mit voller Zustimmung aller Beteiligten gefeiert werden.

Festorte und Festinhalte

Feste bringen ferne Ferienorte ins eigene Heim.

Fast 20 Millionen Deutsche machen alljährlich Urlaub im Ausland, in der Schweiz und in Österreich sind es (prozentual gesehen) nicht viel weniger. Aber nicht nur die eigentliche Reise könnte als Aufhänger für eine *„Mallorca Revival Party"* dienen, vielleicht sind ja auch die *„Calamares a la plancha"* im Hafen von Denia oder ein besonders würziger Retsina, den wir auf Kos getrunken haben, die Auslöser gewesen, daß wir nun daheim einen spanischen oder griechischen Festabend ausrichten wollen. Die Begegnung mit dem Ausland, seinen Menschen, seinen Spezialitäten und seinem Klima lassen wahrscheinlich eine neue Form der Feste aufkommen. So gibt es heute bereits nicht nur in Deutschland, sondern in ganz Europa viele Freizeitparks, die mit tropischem Flair locken und das Gefühl vermitteln wollen, man säße nicht mit Gänsehaut in Dortmund, sondern mit einem Daiquiri auf Martinique. Vielleicht gibt es ja schon bald Erholungszentren mit an Urlaub erinnernden Namen wie „Hawaii" oder „Phuket", wo wir uns in der gleichen Weise entspannen können wie an den exotischen Orten, die bei diesen Zentren Pate standen. Insgesamt dürfte dieser Trend noch viel stärker werden, da ja die Anzahl der ausländischen Nachbarn, Kollegen und Freunde zunimmt – und parallel dazu auch die Anzahl der gemeinsamen Begegnungen, Einladungen und Feste. Diese in unseren Augen positive Entwicklung erweitert unseren Horizont und läßt unser Verständnis für ausländische Lebensweisen und Mentalitäten, nicht zuletzt aber auch ausländische Speisen und Getränke größer werden.

Mit diesem ersten Blick in die Zukunft ist es aber nicht getan: Durch neuartige Begegnungsmöglichkeiten über die neuen Medien der Telekommunikation, speziell aber über das Internet, entwickeln sich Bekanntschaften und Freundschaften über den ganzen Globus verstreut; in dieser Hinsicht kann sich noch vieles tun. Zum Feiern müssen die Menschen aber – trotz genialer Möglichkeiten, die eine Videokonferenz bietet – wohl noch weiterhin persönlich zusammenkommen. Denn eine virtuelle Cocktailparty (vielleicht mit eingescannten Longdrinks und Kanapees?) ist bestimmt kein sehr prickelndes Erlebnis, obwohl natürlich die damit verbundenen „Katerbeschwerden" sicherlich auch nur eine Frage der „künstlichen Intelligenz" wären.

FEST IM HAUS DER KUNST

Und wo bleibt beim Feiern die bildende Kunst, wie beispielsweise die Malerei? Auch hier sind in der jüngsten Zeit erfreuliche Ansätze zu erkennen. Der Chef des Münchener Hauses der Kunst, Christian Vitali, arrangiert bereits heute zu den jeweiligen Ausstellungen passende Shows mit Tanz, Musik und natürlich Partys – mit großem Erfolg, denn es kamen Scharen von Jugendlichen ins Museum. Auch in den Vereinigten Staaten besteht schon seit längerem die Tradition, Feste in berühmten Museen zu feiern. Somit dürfte die Kunst auch im zukünftigen Festleben eine große Rolle spielen.

Feste, so hoffen wir zum Abschluß, werden stets einen wichtigen Beitrag dazu leisten, daß unsere Zukunft auch in tristen Zeiten ein bißchen schöner, wärmer und menschlicher bleibt.

II

Jede Einladung ein Erfolg: Mit Stil und Pfiff perfekt planen und vorbereiten

Tages Arbeit! Abends Gäste!
Saure Wochen! Frohe Feste!
Goethe

1

Abendeinladung für ausgewählte Gäste aus Beruf oder Freundeskreis

Gäste sind immer willkommen!

Einladungen ins eigene Heim sind eine wunderbare Sache, kann doch oft zwangloser als im Restaurant getafelt werden. Auch die Einladung von guten Freunden und Bekannten setzt Planung und Vorbereitung voraus, damit sich die Gäste wohlfühlen. Allerdings sind gute Freunde gern zur Nachsicht bereit, wenn einmal nicht alles reibungslos klappt.

Takt- und Stilgefühl von beiden Seiten hilft, die richtige Balance zwischen vertrauter Häuslichkeit und geschäftlicher Distanz zu finden. Bereiten Sie deshalb die Einladung sehr genau vor.

Perfektionismus zahlt sich aus, wenn Sie Geschäftsfreunde in das eigene Heim einladen.

Dazu gehört übrigens auch, daß Sie Ihre Wohnung mit kritischem Blick einer Musterung unterziehen: Wohn- und Eßzimmer brauchen nicht wie der Showroom aus dem Möbelhaus auszusehen, aber eine gewisse behagliche Ordnung sollte schon vorhanden sein. Wichtig ist, daß sich die Säuberungsaktion nur auf solche Räume bezieht, in denen Sie Ihre Gäste empfangen wollen. Die Bauklötze im Kinderzimmer dürfen ruhig liegenbleiben. Selbst wenn die Gäste Ihr Heim bewundern sollten, sind Sie dadurch nicht verpflichtet, eine Hausführung vom Keller bis zum Dachboden zu veranstalten.

In welchen Räumen empfange ich Besuch?

Nun, es muß ja nicht immer das Wohnzimmer sein. Einladungen im eigenen Heim bieten oft verschiedene Möglichkeiten, Gäste zu empfangen. Im Sommer können Terrasse, Garten oder Balkon einbezogen werden, Wintergärten mit tropischem Grün bilden eine reizvolle Kulisse für eine Tischgesellschaft. Eine Kellerbar mit allen Finessen kann ebenso zum Gelingen

des Abends beitragen wie die Aufstellung des Eßtisches vor dem offenen Kamin im Wohnzimmer.
Plazieren Sie Ihre Gäste so, daß Sie einerseits Ihre Gastgeberrolle optimal erfüllen können (nicht zu lange Wege von der Küche zum Eßtisch), andererseits aber auch Ihr häusliches Ambiente wirkungsvoll zur Geltung kommt.

Wann lade ich ein?

Die Wahl des Wochentages bestimmt natürlich der Terminkalender. Einladungen am Samstag sind besonders günstig, weil Sie dann genügend Zeit zur optimalen Vorbereitung finden. Der ideale Zeitraum für eine Abendeinladung liegt zwischen 19 und 20 Uhr.

Wer soll eingeladen werden?

Einladungen am Samstag sind besonders günstig.

Bei allen privaten Einladungen bestimmt die Größe Ihres Eßtisches die Zahl der Gäste. Geübte und küchenerfahrene Gastgeber sind durchaus in der Lage, ein mehrgängiges Menü für sechs bis acht Gäste vorzubereiten und sich dennoch ganz auf ihre Tischrunde zu konzentrieren.

Tip

- Als Faustregel gilt: Eine ideale Tisch- und Gesprächsrunde umfaßt zwischen vier bis acht Gäste. Wählen Sie die Zusammensetzung der Gäste so, daß gemeinsame Interessen Anknüpfungspunkte für anregende Unterhaltung bieten.

Wie gehe ich bei meiner Veranstaltung vor?

Planung und Vorbereitung sind das A und O. Einladungen sollten Sie vier Wochen bis 14 Tage vor dem geplanten Termin aussprechen. Die Einladung erfolgt mündlich oder telefonisch, ggf. auch per Fax. Eine schriftliche Einladung ist dann angebracht, wenn Zusatzinformationen, wie beispielsweise eine Wegbeschreibung, erforderlich sind.

Planung des Menüs

Variante 1

Sie kochen selbst, weil Sie „küchensicher" sind und gern Gäste mit selbstkreierten Menüs verwöhnen. Doch sollten Sie bei aller Planung stets folgende Strategien beherzigen:

Nicht vergessen: Das Auge isst mit!

1. Wagen Sie nur solche Gerichte, die Sie einwandfrei und sicher beherrschen. Experimente am Kochtopf sind völlig deplaziert, wenn Sie mit Ihren Kochkünsten Pluspunkte einheimsen wollen.
2. Verzichten Sie auf Gerichte, die Sie zu lange in der Küche beanspruchen, wenn die Gäste schon anwesend sind.
3. Wählen Sie keine Gerichte, die bei Zeitverzögerung, zum Beispiel einer längeren Begrüßungsphase oder der Verspätung von Gästen, verkochen oder zusammenfallen könnten.
4. Zu zweit geht alles besser. Deshalb sollten Sie bei aufwendigeren Einladungen möglichst als „Verstärkung" einen netten Mitmenschen (Partner, Freundin o.ä.) anfordern.

Variante 2

Wenn Sie nicht zu den begnadeten und nervenstarken Köchen gehören, lassen Sie sich von Ihrem Lieblingsrestaurant ein Essen anliefern, das eine besondere Gaumenfreude oder die Lieblingsspeise Ihres Ehrengastes ist.

Hierbei sollten Sie das wichtige Detail beachten, daß das Essen längere Warmhalteperioden ohne Geschmacksverlust übersteht. Lassen Sie sich vom Küchenchef beraten.

Als Alternative können Sie sich auch eine „Leihköchin" ins Haus kommen lassen, die Ihnen nicht allein ein hervorragendes Menü hinzaubern kann, sondern Ihnen auch sämtliche Organisationsarbeit (vom Einkauf über Eindecken und Servieren bis zum Abwasch) abnimmt. Erkundigen Sie sich bei einem Partyservice bzw. einer entsprechenden Gastronomie-Agentur, ob es in Ihrem Wohnort die Möglichkeit gibt, solche Fachkräfte zu buchen.

Grenzenlose Gaumenfreuden für die Gäste

Nicht jeder isst alles, aber fast jeder isst Pasta.

Bedenken Sie: Geschmäcker sind verschieden, und nicht jeder ißt alles. Erkundigen Sie sich vorher, was Ihre Gäste mögen und was nicht. Ist einer Ihrer Gäste vielleicht Vegetarier? Mag jemand kein Schweinefleisch, keinen Fisch oder keinen Knoblauch? Verträgt möglicherweise ein Gast keine Erdbeeren oder Haselnüsse?

Tip

- Bei ausländischen Gästen sollten Sie nur auf ausdrücklichen Wunsch Eisbein und Sauerkraut oder andere regionale Spezialitäten servieren.

2

Der Ball – ein Fest ganz im Zeichen der Musik

Es muß ja nicht gerade der Wiener Opernball sein, der mit höfischem Glanz und Exklusivität ein tatsächlich herausragendes Ballereignis ist. Eine strenge Kleiderordnung (Frack für die Herren und selbstverständlich langes Abendkleid für die Damen), die großartige Kulisse der Wiener Staatsoper und nicht zuletzt die unvergleichliche Musik machen den Wiener Opernball zum Inbegriff des Balls schlechthin.

Planung und Vorbereitung: Die heisse Phase der Organisation

Bilden Sie ein Fest-komitee!

Gerade weil ein Ball ein Fest ist, das wegen des großen Aufwands bei der Organisation und Vorbereitung nicht allzu oft veranstaltet wird, gehört er zu den schönsten Festen überhaupt. Die Vorbereitung ist zeitaufwendig. Deshalb ist es günstig, wenn die Organisation auf mehrere Personen verteilt werden kann.

Tip

▶ Legen Sie zuerst das Motto des Balls fest!

Mit dem Motto haben Sie die wichtigste Vorgabe für die weitere erfolgreiche Gestaltung Ihres Balles bereits erarbeitet. Wenn Sie eine „Walzernacht" planen, richten Sie beispielsweise Ihr Augenmerk nur auf eine Auswahl stimmungsvoller Säle mit schloßartigem Ambiente, und wählen Sie eher klassische Tanzmusik aus. Der Partyraum im Keller mag noch so originell sein, in diesem Fall eignet er sich aber überhaupt nicht.

Wann kann ein Ball veranstaltet werden?

Als mögliche Anlässe für eine solche Veranstaltung kommen in Frage:

- Jubiläum eines Vereins oder Verbands
- jährlich wiederkehrende Vereins- oder Verbandsfeiern
- Wohltätigkeitsveranstaltungen
- Abitur, Semesterabschluß
- spezielle Anlässe, z.B. Maitanz oder Silvesterball
- private Feiern.

Wo soll gefeiert und getanzt werden?

Für einen Ball brauchen Sie großzügige Räumlichkeiten. Es muß genügend Platz vorhanden sein für:

- Tische und Bestuhlung
- Tanzfläche
- Orchester oder Musikanlage mit DJ
- Darbietungen, möglichst eine Bühne für Entertainer oder Sänger
- Büfett (wahlweise).

Auf die richtige Auswahl kommt es an.

Achten Sie bei Ihrer Entscheidung unbedingt darauf, daß die Größe des Raumes auf die Anzahl der Gäste abgestimmt ist. Dabei sollte Raumleere ebenso vermieden werden wie drangvolle Enge. Achten Sie auch darauf, daß in der Nähe des Veranstaltungsortes ausreichend Parkplätze zur Verfügung stehen. Ein Bestuhlungsplan ist unbedingt erforderlich, damit Sie die Sitzordnung festlegen und ggf. die Eintrittskarten numerieren können.

- **Ballsäle im Hotel:** Gute Hotels sind auf gesellschaftliche Ereignisse bestens vorbereitet. Sie halten nicht nur geeignete Räumlichkeiten zur Verfügung, sondern bieten zusätzliche Serviceleistungen wie Bewirtung mit Bedienung, Garderobe, Dekoration oder Vermittlung von Musikanlagen.

Tip

▶ Rechtzeitig reservieren! Gute Hallen oder Säle sind oft Monate im voraus ausgebucht.

- **Festsäle mit Selbstbewirtschaftung:** Hier kommen Stadthallen oder Gemeindesäle in Frage.
- **Räume, die aus dem Rahmen fallen:** Diskotheken und alte Fabrikhallen, aber auch ein stillgelegter Tunnel, eine als

Festsaal umgebaute Scheune oder Tenne bieten eine wunderbare Kulisse für einen Ball.

Wer wird eingeladen?

Bei einem Ball gilt der Grundsatz: *„Je mehr Gäste, desto besser die Stimmung".* Der Kreis der Gäste, die eingeladen werden, ist bei einem Ball oft sehr groß und nicht immer nur auf den unmittelbar zum Veranstalter (Verein, Verband oder Betrieb) gehörenden Personenkreis beschränkt. Wenn der Ball persönlicher, intimer sein soll, sollten Sie nur Einladungen an einen ausgewählte Personen verschicken.

Was kostet ein Ball?

Ein besonderes Fest gibt es nicht zum Nulltarif. Bei Hausbällen mit einer überschaubaren Zahl von Gästen werden die Kosten vom Gastgeber übernommen. Größere Bälle, bei denen das Organisationskomitee praktisch nur die Ausrichtung des Balles übernimmt, werden hingegen durch Eintrittsgelder finanziert. Diese Kosten werden zum einen durch die Saalmiete verursacht, fallen aber auch an für den Auf- und Abbau, für Dekoration, Technik, Garderobe sowie als Lohnkosten für Einlaßpersonal. Zusätzlich können Kosten für die Herrichtung von Räumen, für Mobiliar, Geschirr und Reinigung berechnet werden. Dies ist vor allem der Fall, wenn Räume für Selbstversorger angemietet werden.
Weiterhin sind noch Honorare für die Künstler zu entrichten. Bei jeder kommerziellen Veranstaltung, bei der also ein Eintritt erhoben wird, müssen übrigens GEMA-Gebühren, ggf. auch Vergnügungssteuer entrichtet werden. Unter Umständen müssen Sie beim lokalen Ordnungsamt auch eine Verlängerung der Sperrstunde beantragen. Erkundigen Sie sich in jedem Fall vorher! Falls Sie planen, ein Büfett mit Erfrischungen aufzustellen, müssen Sie auch diese Kosten einrechnen. Last but not least kostet natürlich auch der Druck von Eintrittskarten und Einladungen Geld – ein Posten, der ebenfalls berücksichtigt werden muß.

Tip

- Musik und Entertainment sind gebühren- und steuerpflichtig.

Vorbereitung eines Balls

Sie sollten 8 bis 12 Wochen vor dem Fest mit folgenden Maßnahmen beginnen:

Einladungen

Persönliche Einladungen

Hierzu müssen eine Gästeliste erstellt und die Adressen überprüft und aktualisiert werden. Lassen Sie die Einladungskarten drucken.

Tip

▶ Schriftliche persönliche Einladungen zu einem exklusiven Ball werden immer mit Antwortkarte verschickt.

Die Einladung enthält stets folgende Punkte:

- Anlaß des Festes
- Datum, Uhrzeit, Ort der Veranstaltung
- Hinweis auf die erwünschte Garderobe, wie Frack, Smoking, festliche Kleidung (beispielsweise Sommergarderobe)
- ggf. Hinweis auf auftretende Künstler.

Einladungskarte

... freuen sich, Frau/Herrn ... zu ....
am ... im ...
begrüßen zu dürfen.
U. A. w. g.
Adresse
Festliche Abendgarderobe ist erwünscht

Antwortkarte

Am ...ball am ... nehmen wir mit ... Personen teil/
können wir leider nicht teilnehmen.
Name,
Adresse

Allgemeine Einladungen mit Eintrittskarte

Plakate und Aushang

Bei der Organisation von beispielsweise Schulbällen oder größeren Vereinsbällen ist es nicht möglich, persönliche Einladungen zu verschicken. Anstelle der Einladungen treten Plakate, die als gut gestalteter Blickfang auf die Veranstaltung aufmerksam machen sollen. Auf dem Plakat werden Motto,

Anlaß, Ort, Zeit, Eintrittspreise und Vorverkaufsstellen genannt. Oft finden sich auch noch Hinweise auf Musikgruppen oder DJs wie *„Mit dem United Hot Dance Music Ensemble"* oder *„Mit DJ CoCo"*.

DIE PLAKATE MÜSSEN AUSREICHEND GROSS UND AUCH AUS EINIGER ENTFERNUNG GUT LESBAR SEIN!

Beim Plakataushang achten Sie auf einen günstigen Verteiler: Fragen Sie bei Zeitschriftenhändlern, in Läden, Geldinstituten oder Fitneß-Studios an, ob Sie Ihre Plakate aushängen dürfen. Schwarze Bretter in Büro oder Firma sind ebenfalls günstig. Wer es größer und auffälliger mag, kann eine Plakatwand oder ein Stück Litfaßsäule mieten.

Vorverkaufsstellen

Natürlich lohnt es sich nicht, wenn die Eintrittskarten für den Jahresball eines Tennisvereins über eine große Agentur verkauft werden. Oft übernimmt ein Vereinsmitglied diese Aufgabe, oder es gibt einen hilfsbereiten Geschäftsinhaber eines zentral gelegenen Geschäftes, der nebenbei den Verkauf übernimmt.

Arbeit für Druckerei oder PC

Plakate und Eintrittskarten mit Platznumerierung müssen gedruckt und an die Vorverkaufsstellen geleitet werden. Heute läßt sich so etwas mit Hilfe eines PCs, eines Farbdruckers und eines guten Zeichenprogramms vielfach auch billig zu Hause erledigen.

Ballraum

UNERLÄSSLICH IST DIE DURCHDACHTE PLANUNG DER SITZORDNUNG.

Tisch- und Sitzordnung

Die Tische sollen so aufgestellt sein, daß vor der Bühne ausreichend Platz für die Tanzfläche ist. Diese wird von den Tischen in Hufeisenform umschlossen. Die besten Plätze für die Ehrengäste befinden sich an der Tanzfläche gegenüber der Band. Numerieren Sie die Tische und Plätze nach dem Aufstellungsplan. Numerieren Sie die Eintrittskarten. Reservieren Sie die Plätze für Ehrengäste! Denken Sie an das Placement! Es empfiehlt sich, die Sitzordnung vor dem Ballsaal auszuhängen, damit die Gäste leichter ihre Plätzen finden. Besonders stilvoll ist es, wenn die Gäste vom Servicepersonal zu den Plätzen geleitet werden.

Dekoration

Dekoration immer passend zum Motto.

Die mottobezogene Dekoration von Saal und Bühne spielt bei einem Ball eine wichtige Rolle, dies gilt vor allem für große Hallen ohne Flair. Dekorationen dieser Größenordnung sind nicht billig und in der Regel auch nicht in Eigenregie zu erstellen. Hotels bieten bei der Anmietung oft „Komplettangebote", bei denen auch die Dekoration von Saal, Bühne und Tischen eingeschlossen ist. In puncto Dekoration kann Eigeninitiative viel künstlerische Energie freisetzen, allerdings ist sie auch sehr arbeitsaufwendig. Bedenken Sie dies bei der Planung.

Unterhaltung

Musik- und Rahmenprogramm

Vom Ballmotto hängt entscheidend ab, in welche Richtung die musikalische Auswahl geht. Über Künstleragenturen, Musikhochschulen, Musikschulen und Anzeigen in den Zeitungen werden Bands und Orchester vermittelt.

Professionelle Musiker oder Amateure?

Gute Amateurbands können es oft mit Profis aufnehmen. Sie sollten aber über ausreichend Erfahrung und entsprechendes Repertoire verfügen, um einen ganzen Abend lang die musikalische Unterhaltung zu sichern.

Profis sind zwar etwas teurer, allerdings auch meist erfahrene Musiker, die wissen, wie sie ihr Publikum begeistern können. Oft bürgen auch bekannte Namen schon für Qualität. Verweise auf erfolgreiche Auftritte und Demo-Kassetten können Entscheidungshilfen sein.

Live oder Konserve?

Live-Musik ist bei einem Ball immer vorzuziehen. Das Ballerlebnis wird erheblich gesteigert durch den Luxus, daß die Musik nicht aus einer Musikanlage kommt, sondern von einem kleinem Ensemble direkt auf der Bühne erzeugt wird.

Tip

- Vereinbaren Sie mit den Künstlern genaue Auftrittszeiten!

Von besonderer Wichtigkeit ist es, daß Sie mit den Künstlern genaue Auftrittszeiten vereinbaren: Band oder Orchester sollen zeitig vor Beginn des Festes am Veranstaltungsort erscheinen, damit sie genügend Zeit haben, ihre Instrumente aufzustellen, Soundchecks durchzuführen und ihr Programm durchzugehen. Vereinbaren Sie mit den Bandmitgliedern eine exakte Zeit, wann sie zu diesen Vorbereitungsarbeiten erscheinen sollen.

Moderation – wer führt durch das Programm?

Die Eröffnung des Balls liegt in der Hand eines erfahrenen Moderators, der auch durch das Programm führt. Sie können als Gastgeber diese Aufgabe selbst übernehmen, aber sie auch durchaus delegieren.

Mehr als nur ein Pausenfüller – das Rahmenprogramm

Denken Sie daran, daß eine Band oder ein Orchester nicht ununterbrochen spielen wird. Auch Musiker brauchen eine Pause. Diese wird von den Tanzpaaren gern als Gelegenheit genutzt, wieder zu den Plätzen zurückzukehren, um sich zu erfrischen.

Unterhaltung in den Tanzpausen

Als „Pausenfüller“ bieten sich u.a. folgende Möglichkeiten:

- Auftritt einer Tanzsportgruppe (aus Turn- und Sportvereinen, Tanzschulen)
- Auftritt eines Zauberkünstlers (Vermittlung durch einen Künstlerdienst)
- Auftritt eines Musicalstars (Musicalbühnen vermitteln Auftritte)
- Auftritt eines Kleinkünstlers, der Parodien, Slapsticks oder Standup-Comedy vorführt (Vermittlung durch einen Künstlerdienst)
- Musik vom Band als Hintergrundmusik.

Speisen und Getränke

Eine lange Ballnacht ohne Speisen und Getränke ist nicht denkbar. Getränke können am Tisch serviert werden. Für Speisen empfiehlt sich ein Büfett, das zu einer späteren Stunde eröffnet wird. Auch bei der Büfettzusammenstellung sollten

Sie sich am Ballmotto orientieren: Zum Tanz auf der Tenne ist das deftige bayrische Büfett die ideale Ergänzung. Ein Rosen- oder Sommernachtsball verlangt nach leichteren Genüssen mit sommerlichen Salaten und fruchtigen Kreationen.

Ein kurzes Wort zum Outfit

Langes Kleid oder Supermini – was darf es sein?

Beim Opernball in Wien herrscht Frackzwang; die Damen erscheinen nur in langen Roben. Schmuck und Orden dürfen zu diesem Ereignis reichlich gezeigt werden. Auch wenn nicht jeder Ball mit einer so strengen Kleiderordnung verbunden ist, wird der besonders festliche Charakter dieses Ereignisses durch die entsprechende Festgarderobe unterstrichen. Wenn auf der Einladung kein Kleiderhinweis steht, gibt Ihnen das Ballmotto einen guten Anhaltspunkt. Als Faustregel gilt: Zum Herren im Frack gehört die Lady im langen Ballkleid. Ab dem Smoking dürfen die Damen jedoch „lang" oder „kurz" gewandet erscheinen – wie es ihnen gerade gefällt.

3

Berufliche Feste: Einstand und Ausstand

Einstand

Selbst in unserer schnellebigen Zeit gehört der Einstand zu den erfreulichen Ritualen des Berufsalltags. Sie zeigen damit, daß Sie ein Teil der Betriebsgemeinschaft geworden sind und Ihnen dies ein Fest wert ist.

Tip

- Erkundigen Sie sich zuerst bei Ihren Vorgesetzten, ob diese an der Einstandsfeier teilnehmen. Erkundigen Sie sich weiterhin, wann, wo und in welchem Umfang Sie feiern dürfen.

Wann wird gefeiert?

In der Planung sind Sie relativ frei. Beachten Sie aber folgendes: Der Ablauf der Arbeit sollte nicht gestört werden, aber auch die Mittagspause selbst ist ungünstig.

Wer wird eingeladen?

Einfache Regel: Lieber zu viele einladen als einen vergessen.

Eingeladen werden

- die unmittelbaren Vorgesetzten
- alle Kolleginnen und Kollegen aus der unmittelbaren Umgebung
- dazu diejenigen, mit denen Sie im ständigen Kontakt auch außerhalb der eigenen Arbeitseinheit stehen
- alle diejenigen, von denen Sie annehmen, daß sie gern dabei sein möchten.

Tip

▶ Das richtige Maß zu finden zwischen Zuviel („Angeber") und Zuwenig („Geizkragen") ist wichtig. Fragen Sie im Betrieb, in welchem Rahmen üblicherweise Einstand gefeiert wird. Fragen Sie diejenigen, die als besonders sympathisch gelten.

Einladungen: Immer schriftlich, beispielsweise als witzig gestalteten Computerausdruck oder Nachricht in der Mailbox.

Wo wird gefeiert?

Je nach Größe der Feier eignet sich die Kantine oder das Casino am besten, zumal Sie hier gleichzeitig Hilfskräfte, Geschirr – sowie Speisen und Getränke ordern können. Kleine Feiern sind auch im eigenen Büroraum möglich.

Wie wird gefeiert?

Ob rustikal mit Bier und Schnittchen oder mondän mit Sekt und Cocktailhäppchen hängt von den Gepflogenheiten des Betriebs ab. Lassen Sie sich von der Kantine beraten. Beachten Sie: Alkoholisches steht nicht im Vordergrund, denn es soll noch gearbeitet werden. Deshalb reichlich Mineralwasser und Säfte bereithalten.

Ausstand

Der Ausstand ist ein feierliches Zeichen an die Kolleginnen und Kollegen: Mit Ihnen allen habe ich gerne zusammengearbeitet, und mit dieser Feier möchte mich nun gerne dafür bedanken. Was nun den Organisationsablauf anbelangt, so gilt im Prinzip das gleiche wie beim Einstand – nur dürften Sie die innerbetrieblichen Gepflogenheiten mittlerweile besser kennen.

4

Die Cocktailparty – spritzig, witzig, unterhaltsam

Die Cocktailparty ist ein Dauerbrenner, ihre Planung und Durchführung gelingen mit den folgenden Tips immer.

Wann wird eingeladen?

Je nach Größe der Veranstaltung wird mündlich oder schriftlich eingeladen. Die Vorlaufzeit beträgt meist zwei bis drei

Wochen. Das Besondere an dieser Art der Veranstaltung ist, daß ihr Beginn und ihr Ende festliegen und schon in der Einladung mitgeteilt werden; so kann es beispielsweise in der Einladung lauten „Von 17.30 bis 19.00 Uhr“. Die üblichen Einladungszeiten liegen zwischen spätem Nachmittag und frühem Abend; doch spätestens um 20.00 Uhr ist eine Cocktailparty vorbei.

Wer wird eingeladen?

Cocktailpartys sind ideal, wenn Sie zu einem Anlaß eine Vielzahl von Gästen einladen möchten, das Platzangebot aber beschränkt ist. Auf den gekonnten „Mix“ der Gäste kommt es an, denn Unterhaltung und „Small talk“ sind die Hauptbestandteile jeder gelungenen Cocktailparty.

Wo wird eingeladen?

Die eigene Wohnung ist das angemessene Umfeld für eine Cocktailparty. Schaffen Sie ausreichend Platz, nicht nur für die Gäste, sondern auch Ablageflächen für Gläser, Tellerchen, Servietten und die Platten mit den „Cocktailhäppchen“. Rechnen Sie damit, daß im Gedränge schon einmal etwas zu Bruch gehen kann. Deshalb sollten auch empfindliche oder zerbrechliche Gegenstände, auch wenn sie noch so dekorativ und geschmackvoll sind, aus den Räumen entfernt werden.

Wie wird vorbereitet?

Gerührt oder geschüttelt?

A und O einer Cocktailparty sind die Getränke, und was wäre diese letztlich ohne Cocktails? Wichtig ist jedoch, daß man überhaupt einen Drink zuwege bringt. Cocktails frisch gemixt vor den Augen der Gäste sind eine Attraktion, allerdings verlangt das gekonnte Mixen Übung und Zeit. Wer es stilecht möchte, engagiert einen professionellen Barmixer.

Als kleine Lösung schlagen wir ein paar Klassiker vor: Gin Tonic, Whisky Soda, Cola Rum und Kir Royal sind die Evergreens unter den Cocktail-Drinks. Beim Kauf der Getränke sollten Sie pro Gast 3 bis 4 Drinks rechnen. Vergessen Sie ebenfalls nicht, alkoholfreie Getränke bereitzustellen.

Das müssen Sie besorgen:

- Toastbrot, Cracker, Chips, Nüsse
- Butter, Wurst, Schinken, Braten, Käse, Eier, Fisch

Die Einkaufsliste für eine Cocktailparty

- Gurken, Oliven, Kräuter, Mayonnaise
- alkoholfreie Getränke: Cola, Tonic Water, Säfte und Mineralwasser
- alkoholische Getränke, z. B.: Gin, Whisky, Rum, Wodka, Sekt, trockener Weißwein, Wermuth und Blue Curaçao
- weitere Zutaten: Grenadinesaft, Limetten, Zitronen und Orangen, ferner Eiswürfel, Cocktailsticker und Servietten.

Weiterhin benötigen Sie neben den „Futteralien" auch noch Geschirr, insbesondere Platten für die Häppchen sowie ausreichend Longdrink-Gläser oder Stielgläser. (Man rechnet pro Gast etwa zwei bis drei Gläser.)
Für die Barausstattung benöten Sie dann noch Shaker, Meßglas, Barsieb, Mixglas mit langem Löffel, Korkenzieher sowie Flaschenöffner.

Was müssen Gastgeber beachten?

Die Hauptaufgabe der Gastgeber ist es, die Gäste miteinander bekannt zu machen. Deshalb sollten Sie nicht nur die Gäste empfangen, sondern das Partygedränge nutzen, um Neuankommende zu einer passenden Gruppe von Gästen zu geleiten, Grüppchen gezielt zu teilen oder zu erweitern, um neue interessante Gesprächsrunden und Bekanntschaften zu ermöglichen.

Outfit

Mit Cocktailkleid und Business-Outfit sind Sie hier richtig. Mehr muß nicht sein, zumal die meisten Veranstaltungen direkt nach Dienstschluß stattfinden, so daß nicht viel Zeit zum Umziehen bleibt.

5

Empfang – ideal für viele Festanlässe

Empfänge gab es immer. Könige und Fürsten hatten Empfangstage, an denen alle, die Rang und Namen besaßen, sich um den Thron versammelten. Die Bürger kopierten diese praktische Form der Geselligkeit gern. Anfangs wurden auf Empfängen nur Erfrischungen gereicht, im Laufe der Zeit kamen die Platten mit Häppchen oder die opulenten Büffets dazu.

Zu welchen Anlässen kann ein Empfang stattfinden?

Empfänge – ideal bei vielen Gästen.

Dazu gehören im privaten Bereich Anlässe wie Verlobung, Hochzeit, Silber- oder Goldhochzeit, „runde" Geburtstage, Jubiläum oder Verabschiedung.

Wer wird eingeladen?

Zunächst sollten Sie den Kreis der Gäste festlegen, beispielsweise ob Ehrengäste oder VIPs (Very Important Persons) erwartet werden. Stellen Sie eine Gästeliste auf, wobei Sie die Adressen kontrollieren, damit es keine „Irrläufer" gibt.

Wo soll der Empfang stattfinden?

Der Empfang kann im eigenen Heim oder Garten stattfinden. Bei sehr großen Gästezahlen muß ein geeigneter Raum reserviert werden.

WAS KOSTET EIN EMPFANG?

Damit müssen Sie rechnen:

- Kosten für Speisen und Getränke, je nach Aufwand (Imbiß oder großes Gourmet-Büffet) und Anzahl der Gäste
- Kosten für Servicepersonal
- Raummiete
- Tischdekoration.

Wenn Sie zu einer Feier sehr viele Gäste erwarten, ist ein Empfang im Verhältnis der Anzahl der Gäste zu den zu erwartenden Kosten meist jedoch die günstigste Variante.

WANN WIRD EINGELADEN?

Legen Sie den Termin fest, und verschicken Sie 4 bis 6 Wochen vorher die Einladungen. Gedruckte Einladungskarten mit Antwortkarte oder solche, die mit Hilfe eines PCs erstellt wurden, sind besonders praktisch.

EIN-LADUNGS-KARTE

Karin und Wolfgang Wagner freuen sich, Sie
zum Empfang anläßlich ....
am .... dem .... von ...... bis ...... Uhr einzuladen.
U. A. w. g.
Musterstr. 1, 12121 Musterstadt

Tip

▶ Zusagen und Absagen sollten Sie unbedingt auf der Gästeliste vermerken.

Wie wird der Empfang vorbereitet?

- Raumreservierung überprüfen.
- Speisen und Getränkeauswahl zusammenstellen.
- Servicepersonal in ausreichender Anzahl anmieten. Bei Empfängen in Eigenregie sollten Sie einen geeigneten Partyservice auswählen. Das Hilfspersonal muß konkret in seine Pflichten eingewiesen werden, ob es sich nun um Getränkekellner, Garderobefrau oder die Kaltmamsell handelt.
- Auswahl von Reden: Der Gastgeber sollte eine Begrüßungsrede halten; optimale Zeitpunkte sind zu Beginn des Empfangs oder zur Eröffnung des Büfetts. Falls auch einige Gäste das Wort ergreifen möchten, sollten sich diese vorher mit dem Organisator absprechen – beispielsweise ob überhaupt eine Gastrede erwünscht ist. Reden bei Empfängen sollen möglichst kurz sein; das gilt insbesondere für einen Stehempfang.
- Wenn Sie mit Geschenken rechnen (Hochzeiten, Geburtstage), sollten Sie hierfür eine Ablagefläche bereitstellen.
- Ggf. können Sie ein Gästebuch auslegen.

In der Kürze liegt die Würze.

Was muss beachtet werden?

1. Empfänge sind in der Regel „Stehempfänge". Sitzgelegenheiten und Tische sind daher nicht unbedingt erforderlich.
2. Auf Empfängen werden Getränke und „handliche" Häppchen serviert oder vom Büfett angeboten. Verzichten Sie auf alles, was nur mit Messer und Gabel bewältigt werden kann – es sei denn, Sie sorgen für Stehtische in ausreichender Zahl.
3. Empfänge sind zeitlich begrenzte Veranstaltungen – schon allein, weil niemand gern stundenlang steht, auch wenn er sich noch so gut amüsiert.
4. Empfänge sind Kontaktbörsen, bei denen die Gastgeber die Begrüßungskontakte herstellen und die Gäste weitere Kontakte selbständig knüpfen.

6

Feste für Mitarbeiter: Mit Phantasie und guter Laune gemeinsam feiern

Ein gutes Betriebsklima ist von nicht zu unterschätzender Bedeutung für die Effizienz eines jeden Betriebs. Gerade kleine Unternehmen können mit einem individuell gestalteten Betriebsfest nach Feierabend den Zusammenhalt ihrer Mitarbeiter stärken, das Betriebsklima günstig beeinflussen (Stichwort: „Teamgeist") und die Motivation stärken.

Wo wird gefeiert?

Kein Tag wie jeder andere

Ein Betriebsfest soll ein Erlebnis sein, das aus dem Rahmen fällt und allen Freude macht. Besuche von Musicals, Varietés, Ausstellungen, Sportveranstaltungen oder Kirmes gehören zu den besonders beliebten Formen von Betriebsfeiern. Gesteigert wird der Erlebniswert, wenn Sie zusätzlich noch den Besuch eines Restaurants einplanen.

Kleinkunstbühnen oder freie Theater verfügen oft über witzige Programme, die für einen gelungenen Abend sorgen. Von der Jazzkneipe bis zum Guildo Horn-Konzert ist ein reichliches Musikangebot vorhanden, falls Sie mit Ihren Mitarbeitern einen musikalischen Abend erleben wollen.

Doch andere Möglichkeiten gibt es zuhauf: Während manche Romantiker Fahrten mit nostalgischen Dampfzügen bevorzugen oder gar Gefallen an einer Schiffstour finden, mag die empfehlenswerte Alternative für ein sportliches Betriebsteam ein gemeinsamer Ausflug mit dem Rad oder Mountainbike sein, der dann mit einem Picknick im Grünen endet.

Museum ist nicht gleich Museum!

Preiswert und mit viel Spaß verbunden sind Freilicht-Museen, die vielfältige Aktivitäten und Attraktionen anbieten: Brotbacken im alten Backhaus, Goldwaschen am Fluß oder Schmieden an der Esse.

Einen wichtigen Punkt sollten Sie jedoch immer bedenken: Die Veranstaltung soll für alle Mitarbeiter, ob alt oder jung, geeignet sein, und sie sollte sowohl allen Spaß bereiten als auch alle interessieren.

Wann plane ich das Betriebsfest?

Rechtzeitige und frühzeitige Terminplanung ist unerläßlich, wenn es um Reservierungen geht. Erfolgreiche Musicals sind oft lange im voraus ausgebucht. Tischreservierungen in gefragten Restaurants sollten ebenfalls rechtzeitig vorgenommen werden.

Wer macht mit?

Diese Frage ist klar und eindeutig zu beantworten: Alle Betriebsangehörigen. Manchmal werden auch enge Geschäftspartner zu diesen Einladungen gebeten.
Gerade bei überschaubaren Unternehmen stellt sich oft die Frage: Sollen Lebenspartner der Mitarbeiter an der Feier teilnehmen? In der Regel ist das nicht günstig, da es oft schwer ist, sie in die geschlossene Gruppe einzubinden.

Was darf es kosten?

Die Auswahl hängt natürlich stark vom Budget einer derartigen Veranstaltung ab. Auf jeden Fall müssen Sie mit folgenden Faktoren rechnen: Eintrittspreise, Fahrtkosten (Bahn, Bus), Speisen und Getränke. Bei ganz- oder halbtägigen Ausflügen kommt der Arbeitsausfall als Kostenfaktor dazu.

Planung und Vorbereitung im Detail

3 Monate im voraus

1. Termin für das Betriebsfest abstimmen.
2. Auswahl der Veranstaltung. Mitarbeitervorschläge sind dabei immer willkommen.
3. Veranstaltungsprogramme, Kartenmaterial, Restaurantbeschreibungen und Speisekarten besorgen, Auswahl treffen.
4. Programmablauf erarbeiten und festlegen, Zeitplan aufstellen.

Tip

▶ Bei beliebten Museumsausstellungen müssen oft lange Wartezeiten bis zum Einlaß eingerechnet werden.

5. Reservierungen tätigen (Tickets, Fahrkarten), ggf. einen Bus für den Transport mieten.

Tip

▶ Ordern Sie bei der Restaurantreservierung einen abgeschlossenen Raum, damit die Gruppe ungestört feiern kann.

6. Bei Radtouren oder ähnlichen Ausflügen sollten Sie unbedingt eine „Generalprobe" ohne die Mannschaft machen, um Weg- und Zeitangaben zu überprüfen.

6 bis 4 Wochen vorher

Einladungen werden über E-Mail, durch Aushang oder PC-Ausdruck verteilt. Diese enthalten Informationen über Art und Ablauf der geplanten Feier (bei schriftlicher Einladung Prospekte, Programme beilegen), Hinweise fürs passende Outfit oder andere praktische Tips.

Tip

▶ Kreieren Sie eine Einladung mit Pfiff, um Vorfreude und Neugier zu steigern.

1 Woche vorher

1. Reservierungen erneut bestätigen lassen.
2. Tickets und Fahrpläne überprüfen.

Zum Schluß bleibt nur eins: Daumen drücken für gutes Wetter und gute Stimmung!

7

Geburtstagsfeste sind das Beste

Von allen Festen ist das Geburtstagsfest für jeden einzelnen das persönlichste aller Feste. Nicht jeder Geburtstag wird groß gefeiert, aber es ist immer ein besonderer Tag. Auch wer nicht feiert, freut sich über Glückwünsche.

Die wichtigsten Geburtstage:

18. Geburtstag – endlich volljährig

Der 18. Geburtstag ist zweifellos ein besonders wichtiger Geburtstag, denn mit ihm beginnt der Eintritt in die Erwachsenenwelt. Die Volljährigkeit ist erreicht. Grund genug für eine große Geburtstagsfeier. Es ist überwiegend ein Fest der jungen Leute, bei dem Eltern zwar das Equipment zur Verfügung stellen, das Festgeschehen aber eher als Zaungäste erleben. Erwachsensein heißt auch, eigene Feste mit einem eigenen Kreis von Gästen feiern.

„Runde Geburtstage"

30. Geburtstag

Sie haben Ihre Ausbildung erfolgreich beendet und im Beruf die ersten Erfolge erzielt. Das soll Anlaß genug sein, um mit vielen Freunden und Bekannten zu feiern.

40. Geburtstag

Mit 40 können Sie auf respektable Leistungen im beruflichen und privaten Kreis zurückblicken. Deshalb ist dieser runde Geburtstag besonders gut geeignet, um familiären und gesellschaftlichen Verpflichtungen nachzukommen. Die Feier kann durchaus durch die Wahl von Motto oder Ort zum Event werden (Foyer des Stadttheaters, Feier im Museum, auf einer alten Burg oder einer Finca in Mallorca – so vorhanden).

50. Geburtstag

Ein halbes Jahrhundert liegt hinter Ihnen, mit allen Höhen und manchmal leider auch Tiefen, die das Leben bereithält. Hier muß meist in mehreren Etappen gefeiert werden: im Betrieb, im Verein, mit Freunden und natürlich mit der Familie. Eine ganze Palette von Festvorschlägen ist hier richtig: Vom Empfang über das gesetzte Festessen bis zum mondänen Event, ausgeführt von professionellen Festgestaltern – es ist so gut wie alles möglich.

Träume verwirklichen – einmal ganz anders feiern.

Vielleicht erfüllen Sie sich auch langgehegte Wünsche und entschweben im Heißluftballon dem Trubel oder durchqueren mit einem Schlittenhundegespann die Winterlandschaft Lapplands.

60. Geburtstag

Das Berufsleben ist weitgehend abgeschlossen, und ein neuer Lebensabschnitt rückt in greifbare Nähe. Zufrieden mit dem Erreichten können Sie sich ein besonders schönes Fest gönnen, das Sie mit allen feiern, die Ihren Lebensweg positiv begleitet haben.

Auch hier ist zu überlegen, ob die Feier nicht geteilt wird: Am Geburtstag selbst findet Empfang mit Gästen aus Betrieb, Verein und Freundeskreis statt. Am darauffolgenden Wochenende gibt es ein großes Familienfest.

70. Geburtstag und mehr

Feiern hält jung!

Genießen Sie diesen Ehrentag im Kreise von Verwandten und Freunden. Wie wäre es mit einer romantischen Schiffahrt oder einer nostalgischen Fahrt auf dampfbetriebenen alten Eisenbahnstrecken abseits der Hauptstrecken. Viele Städte (z.B. Düsseldorf und Karlsruhe) vermieten alte Straßenbahnwagen zum Feiern. Ungewöhnlich, unvergeßlich und erschwinglich ist die Feier im Kaiserwagen der Wuppertaler Schwebebahn.

Kunstbegeisterte laden die Gäste zum Besuch in ausgefallene Museen ein. Dazu gehört beispielsweise die Museumsinsel Hombroich bei Neuss (Nordrhein-Westfalen). Kunst, Natur, frische Luft und einfache Verpflegung sind im menschenfreundlichen Tagespreis enthalten. Die Wege sind eben, kein Auto stört die Idylle, und zum Rasten und Schauen gibt es genug Platz.

Feiern Sie die Feste, wie sie fallen, auf jeden Fall aber die „runden" Geburtstage.

Was gehört zu jeder Geburtstagsfeier?

Festreden

Auf das Thema *„Gästereden"* sind wir bereits in Teil I (Seite 37) eingegangen. Daher möchten wir hier auf diesen Abschnitt verweisen.

Outfit

Die Bekleidung soll dem Programm des Geburtstagsfestes angemessen sein. Ein wenig festlich darf es schon sein, vor allem wenn ein Empfang oder ein gesetztes Abendessen geplant sind.

Geburtstagsgeschenke

Mit Begeisterung ausgesucht, mit Pfiff verpackt, so macht Schenken Spass!

Ein Geschenk soll in erster Linie Freude bereiten. Deshalb ist nicht gesagt, daß ein sehr teures Geschenk unbedingt mehr Freude bereitet als ein bescheideneres, das aber einen langgehegten Wunsch erfüllt. Ein Geschenk soll dem Anlaß angemessen sein, sein Preis aber auch in einem (für Sie persönlich) realisierbaren Rahmen liegen.

Bei großen Feiern gehört zum hübsch verpackten Geschenk immer eine kleine Karte, damit das Geschenk auch zugeordnet werden kann.

Gemeinsame Geschenke sind oft beliebt, weil dann ein größerer Wunsch erfüllt werden kann. Dazu gehören Reisegutscheine, Graphiken, seltene Pflanzen für Hobbygärtner, Sonderausgaben für Sammler (Puppen, Modellbahnen), aber auch Musikinstrumente oder Notensammlungen (für Musiker).

Zum gemeinsamen Geschenk gehört eine hübsche Geburtstagskarte, auf der alle Beteiligten unterschreiben. Das Geschenk wird meist mit einer kleinen Rede feierlich überreicht.

Essen und Trinken

Vom rustikalen Büffet bis zum Galadinner reicht die Palette der Möglichkeiten. Soll locker und leger gefeiert werden, ist ein Büffet ideal.

Ein gesetzes Essen erhält durch entsprechende Tischdekoration und die Raumauswahl einen mehr feierlichen Charakter. Reden kommen besser zur Geltung, da die Tischgesellschaft im gleichen Takt speist und pausiert.

Dekoration: Mut zum Ausgefallenen

Von ganz festlich bis ausgefallen ist alles erlaubt. Gerade weil der Geburtstag ein sehr persönliches Fest ist, dürfen Sie Ihre Vorlieben auch bei der optischen Gestaltung des Festes deutlich zeigen.

Einförmigkeit ist out!

Wenn Sie zu Hause feiern, ist der Spielraum fürs Experimentieren besonders groß. Sie müssen nicht 12 gleiche Stühle aufstellen, und vom Suppenteller bis zur Salatschale müssen nicht alle Gedecke vom gleichen Service sein. Mixen Sie verschiedene Dessins und Stile.

Tischtücher, aus Dekostoffen zusammengenäht, entfalten ungeahnte Wirkung als kreative Highlights. Auch für Blumengestecke gibt es jenseits von Nelken und Gerbera unzählige Möglichkeiten mit Gräsern und Blättern. Ziergemüse oder -früchte können ebenfalls verwendet werden.

Unterhaltung

Ein flottes Ständchen von einer *Brass Band* oder eine Flamenco-Einlage für Spanienfans begeistert die Gäste. Eine Karaoke-Anlage läßt sich ebenfalls komplett mieten, da wird Onkel Willi zu Pavarotti, und Nichte Almut röhrt wie Tina Turner.

Nostalgisches Familienvergnügen beim Geburtstagsfest: Bei dieser Reise in die Vergangenheit gewinnen alte Familienfotos, Dias, Filme von früheren Festen neue Unterhaltungsqualität. *„Guck mal, so hast du früher ausgesehen…!“*

Wer war denn alles dabei …?

Damit Sie nach der Feier wissen, wer auf Ihrem Empfang war, um entsprechende Danksagungen zu schreiben, aber auch zur schönen Erinnerung sollte bei großen Geburtstagsfeiern ein Gästebuch ausliegen.

Tip

▶ Es genügt in der Regel, sich mit Namen (leserlich) in das Gästebuch einzutragen.

Die Checkliste für alle Fälle

Um Ihnen die Organisation Ihrer individuellen Geburtstagsfeier zu erleichtern, haben wir Ihnen zusätzlich ein Planungsschema mit Zeitangaben zusammengestellt.

Mindestens 6 Monate vor dem Fest

Festprogramm entwerfen

- Vorauswahl des Veranstaltungsortes.
- Vorreservierung im Restaurant, Hotel, Tagungsraum.
- Bei Übernachtungen im Hotel kann man mit der Geschäftsleitung über Gruppenermäßigung verhandeln. Sonderkonditionen sind meist möglich, vor allem an Wochenenden.
- Angebote von Catering-Unternehmen einholen.

Gästeliste aufstellen

Wenn Ihre Gästeliste sehr umfangreich ist, weil Sie außer der Familie auch zahlreiche Geschäfts- oder Vereinsfreunde einladen möchten, empfiehlt es sich oft, mehrere getrennte Feiern zu veranstalten.

Einladungen versenden

- Familieneinladung
  Schriftlichen Einladungen können Sie sehr persönlich und auf das Fest bezogen gestalten. Sie enthalten außer Ort und Zeit der Veranstaltung auch schon Hinweise zum Festablauf und zur Bekleidung. Die Bitte um Rückantwort nicht vergessen, damit Sie genau weiterplanen können.
- Einladungen an Geschäftsfreunde
  Originell gestaltete, gedruckte Einladungen mit Ort, Zeit und Anlaß der Feier sind hier üblich. Antwortkärtchen sollten beiliegen.

3 Monate vorher

- Vorreservierungen jetzt in feste Reservierungen verwandeln (möglichst schriftlich).
- Menüauswahl, Getränke, Dekoration, Menükarten, Tischordnung (Hufeisen, Kreis, langer Tisch) festlegen.
- Band, Musikgruppe, Unterhaltungskünstler, Karaoke-Anlage jetzt buchen!
- Fotografen für den Festtermin bestellen.

1 Monat vorher

Wenn im Betrieb gefeiert werden soll:

- Kollegen per E-Mail oder PC-Ausdruck einladen.
- In der Kantine, im Casino oder bei Catering-Unternehmen Getränke und kalten Platten bestellen.
- Raum zum Feiern reservieren.

1 Woche vor dem Fest

- Gästeliste noch einmal überprüfen. Hat es Veränderungen gegeben?
- Reservierungen alle noch einmal telefonisch überprüfen.
- Bei einem gesetzten Essen sollten Sie unbedingt die Tischordnung festlegen und Tischkarten beschriften.

Am Festtag

Bei Feiern außer Haus sollte man mindestens 30 bis 45 Minuten vor den Gästen eintreffen. Überprüfen Sie die Sitzordnung, den Gesamteindruck des Raumes. Ist eine Ablage für die Geschenke vorhanden? Sind Blumenvasen vorhanden? Liegt das Gästebuch aus? Funktioniert die Elektronik?
Dann steht einer gelungenen Feier nichts mehr im Wege. Freuen Sie sich auf die Gäste.

2 bis 3 Wochen nach dem Fest

Ein herzliches, sehr persönlich gehaltenes Dankeschön geht an alle, die Ihnen am Geburtstag besondere Freude bereitet haben. Sie können gedruckte Danksagungen verschicken, wenn Sie eine große Anzahl von Glückwünschen erhalten haben. Enge Verwandte und Freunde freuen sich natürlich noch mehr, wenn Sie einen handgeschriebenen Dank bekommen, in dem Sie auch auf jedes Geschenk besonders eingehen.

8

Herbstlicher Kürbiszauber

Der Herbst bietet eine unendliche Vielfalt an Gelegenheiten zum Feiern. Aus den Keltereien kommt der frische Apfel- oder Traubenmost (letzterer auch als „Federweißer“ oder „junger Wein“ bekannt), der mit Zwiebelkuchen oder deftigem Landbrot jede Tischrunde begeistert.
Die Pilzsuche im Herbstwald wird zum Fest, wenn die Ausbeute gemeinsam bestimmt, gesäubert und zu einer würzigen Pilzpfanne angerichtet wird. Vielseitig sind auch die Kürbisse zu verwenden: Das Innere für eine leckere Suppe, die Schale wird mit einem Gesicht verziert und zu einer Laterne geschnitzt.

Wer feiert mit?

Vor allem mit Kindern ist ein Herbstfest ein besonderes Erlebnis, weil es in dieser Zeit so viel natürliches Spielmaterial gibt, das nur aufgesammelt zu werden braucht: Kastanien, Eicheln, Bucheckern, buntes Laub und Zweige. Am schönsten aber sind Kürbisse, die sich ausgehöhlt in lachende oder gruselige Gesichter verwandeln.

Wann wird gefeiert?

Nachmittagseinladungen, Abendeinladungen – für Herbstfeste gibt es keine festen Regeln.
Werden Herbstfeste verbunden mit einer gemeinsamen Wanderung, ist die Mittags- und Nachmittagszeit mit der hoffentlich goldenen Herbstsonne ideal. Die Einladung erfolgt 14 Tage vorher mündlich oder schriftlich.

Wo wird gefeiert?

Winzer und Weinfeste, in Jausenhütten im Gebirge, ländliche Erntedankfeste laden zum Mitfeiern ein. Aber auch Feiern im häuslichen Rahmen lassen sich im Herbst ohne großen Aufwand wirkungsvoll gestalten.

TIP

- Verschicken Sie doch einfach Einladungskarten in Form einer Weintraube.

WIE WIRD GEPLANT UND VORBEREITET?

1. ESSEN UND TRINKEN

WILD IST NICHT JEDERMANNS SACHE.

Als typische Herbstessen können Sie rund ums Wild mehrgängige Menüs komponieren, sofern Ihre Gäste gern Wild essen, denn das ist nicht jedermanns Geschmack. Pilze sind als Beilage oder Hauptgericht frisch gesammelt eine besondere Delikatesse. Zwiebelkuchen, Flammkuchen oder Quiche als herzhafter Imbiß oder Hauptgericht lassen sich gut vorbereiten und problemlos aufwärmen. Kürbisse ergeben wunderbare leichte Suppen, bei denen vor allem Vegetarier ins Schwärmen geraten.

Heiße Eßkastanien (Maronen) schmecken frisch aus dem Backofen am besten. Gerösteter Mais oder Kartoffeln aus der Glut sind vor allem für Kinder ein Vergnügen.

Als Getränke bieten sich Rotwein zu Wild an sowie Federweißer (junger Wein) zum Zwiebelkuchen; ferner gibt es Mineralwasser und frische Traubensäfte.

2. DEKORATION

In Vasen, Schalen oder auf herbstlich gedeckten Tischen können Sie nach Herzenslust mit Früchten, Ährengarben und Blumen experimentieren. Tischdecken und Servietten in bunten Herbstfarben runden das Bild ab.

3. Kürbiszauber

Sie benötigen

- einen oder mehrere dicke Gemüsekürbisse
- genügend große und scharfe Messer, große Löffel und Schüsseln für das Fruchtfleisch
- Kerzen oder Teelichter.

Vom Kürbis einen Deckel abschneiden (Zickzackschnitt sieht besonders hübsch aus) und das Fruchtfleisch in bereitstehende Schüsseln geben. Abdecken. Kühl stellen oder für die Kürbissuppe pürieren. Augen, Nase und lachenden Mund, möglichst mit Stummelzahn oder „Vampirzähnen“, in die dicke Kürbisschale schneiden. Mit Kerze versehen. Auf der Fensterbank, auf dem Balkon oder im Garten leuchten die Kürbisgesichter in der Dunkelheit.

9

Hochzeit – Ganz in Weiss mit einem Blumenstrauss

Immer mehr Paare wünschen sich eine große Hochzeitsfeier. Vom langen weißen Brautkleid bis zur Hochzeitskutsche soll nichts fehlen, was den Tag unvergeßlich macht. Damit Ihre Hochzeit zur Traumhochzeit wird, sollten Sie rechtzeitig mit Planung und Vorbereitung beginnen.

Der Terminplan

Auf einen Blick vorweg: Der Zeitplan für die perfekte Festorganisation.

6 Monate vorher

- Heiratstermin festlegen
- Termin beim Standesamt bestellen bzw. bei kirchlicher Trauung beim Pfarramt vereinbaren
- Gästeliste aufstellen
- Kosten überschlagen

- Auswahl und Reservierung von Restaurant, Hotel oder Festsaal.

3 Monate vorher

- Festprogramm aufstellen
- Geschenkliste anfertigen
- Einladungen verschicken
- Besuch beim Juwelier
- Hochzeitsgarderobe aussuchen
- Termin beim Fotografen festmachen
- Restaurant, Hotel oder Saal: verbindliche Reservierung mit allen Details schriftlich anfordern; alternativ können Sie nun auch Angebote vom Partyservice einholen
- Kutsche oder Mietwagen reservieren
- Für das musikalische Programm eine Band oder einen Disk-Jockey engagieren.

1 Monat vorher

- Gästeliste überprüfen
- Termin beim Friseur, Kosmetikerin festmachen
- Bestellung beim Partyservice.

2 Wochen vorher

- Garderobe anprobieren: Paßt alles wie angegossen? Auch die Schuhe?
- Hochzeitstorte bestellen
- Tischordnung festlegen, Tischkarten schreiben
- Alle Reservierungen noch einmal bestätigen lassen (Hotel, Musik, Hochzeitskutsche, Mietwagen)
- Brautstrauß und Blumendekoration bestellen.

1 Woche vorher

- Vermählungsanzeigen aufgeben
- Hochzeitsprogramm noch einmal durchsprechen
- Trauringe vom Juwelier abholen
- Generalprobe für die kirchliche Trauung.

Nachdem Sie diesen Zeitplan aufgestellt haben, beginnen Sie mit der Vorbereitung. Die erste und wichtigste Frage ist: In welchem Rahmen soll gefeiert werden?

Luxus vom Kopf bis zu den Zehenspitzen oder neue Bescheidenheit?

Jedes Paar sollte sich zu Beginn der Planung darüber im klaren sein, daß eine Hochzeit ein ziemlich teures Vergnügen sein kann. Überlegen Sie deshalb in Ruhe, und bedenken Sie, daß nicht allein die Zahl der Gäste die Kosten einer Feier bestimmt, sondern auch das Ambiente. Oder mal anschaulich ausgedrückt, heißt das: Wenn Sie mit 50 Gästen im Festzelt mit Holzbänken, rustikalem Büffet und einer befreundeten Rockband auf dem Podium feiern, dann kann das Ihr Sparschwein unter Umständen weniger belasten, als wenn Sie mit 15 Personen im 5-Sterne-Romantik-Hotel mit Hochzeitssuite und königlichem Verwöhnservice feiern.

Was kostet das Fest?

Bei einer Hochzeit fallen Kosten an für folgende Posten:

- Trauringe
- Hochzeitskleidung für die Brautleute
- Bewirtung der Gäste
- Übernachtungskosten
- Dekoration, Blumen, Hochzeitstorte
- Musikergagen
- Hochzeitskutsche, Mietwagen
- Druck von Einladungen und Danksagungen, Tischkarten, Menükarten, Porto
- Fotos, Videos
- Kosten für die Hochzeitsreise.

Diese Aufzählung läßt sich noch beliebig erweitern!
Da Sie aber fest entschlossen sind zu heiraten, sollten Sie als erstes einen geeigneten Termin für das große Fest bestimmen.

Wann wird geheiratet?

Der Termin für das Hochzeitsfest muß früh festgelegt und bei Standesamt und Kirche angemeldet werden. Vor allem in der schönsten Jahreszeit, aber auch an bestimmten Wochentagen kommt es schnell zu terminlichen Engpässen bei den Standesämtern oder Kirchen. Standesämter trauen wochentags. Kirchliche Heiratstermine sind an Samstagen oder Sonntagen möglich.
Wichtige Änderung: Die Standesämter verzichten seit kurzem auf das Aufgebot. Außerdem benötigen Sie keine Trauzeugen

mehr. Bei der Anmeldung sollten Sie Ihr Stammbuch nicht vergessen.

Wann wird gefeiert?

Bei standesamtlichen Trauungen ist das Fest an einem Wochentag. Deshalb sollten Sie frühzeitig einladen, damit sich alle an diesem Termin freimachen können.

Ist eine kirchliche Heirat vorgesehen, findet anschließend die große Hochzeitsfeier statt. Der Samstag ist hierfür ideal.

Wer wird eingeladen?

Stellen Sie eine Gästeliste auf.

Hochzeitsgäste sind eine bunte Mischung: Eltern, Geschwister, Verwandte und Freundeskreis von Braut und Bräutigam, dazu die gemeinsamen Freunde – sie alle treffen zusammen. Jede Altersklasse ist vertreten. Ein Teil der Gäste lernt sich an diesem Tag erst kennen. Manchmal ist diplomatisches Geschick unerläßlich, um eine ausgewogene Mischung der Gäste zu erreichen und damit keine Erbtante Grund zum Schmollen hat, wenn sie nicht eingeladen wurde.

Wo wird gefeiert?

Feiern von klassisch bis ausgefallen.

Sie können ein Schiff mieten, eine stillgelegte Fabrikhalle oder eine komplette Disko mit allen Finessen. Manche Schlösser und Burgen bieten für Hochzeiten nicht nur die Räumlichkeiten (Hochzeitskapelle, Rittersaal), sondern auch den kompletten Festservice inklusive Unterhaltungsprogramm.

Bei Feiern im Restaurant sollten Sie unbedingt folgende Punkte beachten:

1. Wie sind Lage (gut erreichbar) und Ambiente (eher romantisch oder eher ausgefallen)?
2. Gibt es einen abgeschlossenen Raum von ausreichender Größe (Tanzfläche einrechnen)?
3. Läßt sich eine Musikanlage o.ä. installieren?
4. Ist die Küche gut? (Ein Probeessen ist unbedingt erforderlich.)
5. Ist der Service zufriedenstellend?

Der Vorteil einer Feier im Restaurant liegt darin, daß Sie sich richtig verwöhnen lassen können und von Profis unterstützt wissen. Der Nachteil ist dann allerdings auch, daß soviel Service zwangsläufig auch bezahlt werden muß.

Feiern in den eigenen vier Wänden

Wenn Sie genügend tatkräftige Hilfe haben und vor Eigeninitiative nicht zurückschrecken, wird eine Hochzeitsfeier in den eigenen vier Wänden oft zu einem Ereignis, an das alle Beteiligten noch gern zurückdenken.

Sollten Sie über ausreichend Platz für die Zahl der Gäste und zuverlässige und begeisterte Helfer verfügen, ist diese Alternative bedenkenswert.

Der Vorteil dieser Feier: Sie haben wesentlich ungezwungeneren Spaß und geringere Kosten, der Nachteil ist allerdings, daß dies vor allem für das Brautpaar mehr Streß und Arbeit bedeutet.

Wie wird gefeiert?

1. Vorschläge für den Festablauf

Trauung am Vormittag

- Sektempfang
- ein gesetztes Mittagessen mit Tischreden
- Kaffeetafel
- abendliches Büfett
- anschließendes Unterhaltungsprogramm (Disko, Vorführungen).

Alternative: Trauung am frühen Nachmittag

- Kaffeetafel
- Abendessen mit Tischreden
- Unterhaltungsprogramm.

2. Vorschläge rund um Speis und Trank

Auf Hochzeitsfesten wird viel und gut gegessen, deshalb sollten Sie Wert auf ausgewogene Tafelfreuden legen.

Das Menü

Gedruckte Menükarten und Tischkarten gehören unbedingt dazu.

Bei einem Essen im Restaurant lassen Sie sich Vorschläge vom Küchenchef unterbreiten. Wählen Sie stets ein Menü für alle Gäste. Da an diesem Tag reichlich konsumiert wird, sollten es leichte Speisen sein, die dem Anlaß und der Jahreszeit angemessen sind. Wichtig: Bei der Auswahl auch an den Eßgewohnheiten der Gäste orientieren. Berücksichtigen Sie Diabetiker, Vegetarier oder Allergiker.

Die Getränkeauswahl ist abhängig vom Menü. Aber auch hier gilt: Leichte, aber gute Weine sind angemessen, Mineralwasser und Säfte sollten immer vorhanden sein.

Kaffeetafel
Zur nachmittäglichen Kaffeetafel wird den Erwachsenen an Getränken Kaffee und Tee angeboten, während die Kinder Kakao und Säfte bekommen. Wer mag, serviert eine echte Hochzeitstorte. Wem die süße Pracht zu viel ist, treffe eine Auswahl unter den klassischen Kuchen und Torten.

Abendessen
In diesem Fall darf es ein Büffet mit knackigen Salaten und magerem Fleisch sein. Ein italienisches Büffet mit raffinierter Gemüseküche oder ein karibisches Büffet mit vielen exotischen Früchten sind oft goldrichtig. Als Getränke wiederum kommen in bekannter Manier Wein, Bier und nichtalkoholische Getränke in Frage.

TIP

▶ Wer Wein aus dem eigenen Keller ausschenken möchte, kann dies tun. Das Restaurant berechnet dafür dann nur das sogenannte „Korkengeld" für Bedienung und Gläser.

Für Feste zu Hause gelten ähnliche Auswahlkriterien. Partydienste bieten auch hier ihre kompletten Dienste an einschließlich Mobiliar, Geschirr und Bedienung.

3. Vorschläge für die Tischdekoration
Weiße Damasttischdecken und Servietten, Silberbesteck und weißes Porzellan, feinste Gläser, Kerzenleuchter aus Silber mit schlanken weißen oder cremefarbenen Wachskerzen sind fast ein „Muß" für alle, die nicht ausgesprochen rustikal feiern wollen.
Besonders edel wirken dazu Blumendekorationen in zarten weiß-gelb-grün-Tönen. Rosen gibt es in wunderschönen Schattierungen, wobei vor allem einige alte englische Sorten in matten Pudertönen, die heute quasi wiederentdeckt wurden, sehr dekorativ aussehen.

4. Einladungen und Hochzeitsanzeigen

Zunächst sollten Sie die Gästeliste aufstellen. Weiterhin können Sie phantasievolle, extravagante oder klassische Einladungen entwerfen, diese dann drucken lassen oder selbst mit dem PC ausdrucken; hierfür können Sie auf frei verwendbare Abbildungen und Piktogramme (sog. „Shareware", die es in jeder „Clipart Gallery" gibt) zurückgreifen. Danach können Sie die Einladungen versenden. Zusagen und Absagen sollten auf der Gästeliste vermerkt werden.

HOCHZEITS-EINLADUNG

Zu unserer Hochzeitsfeier am 30. Mai ...
laden wir herzlich ein.
Die Trauung ist um 11 Uhr
in der Marienkirche in Süddorf, Kirchplatz 2.
Danach feiern wir im Hotel Adler,
Neudorf, Hauptstraße 7.
Ein genauer Lageplan ist beigefügt.
Heidi Weiß und Uwe Kessel
Adlerweg 8, Neudorf
u. A. w. g.

Hochzeitsanzeigen

Sie werden an alle verschickt, die über die Hochzeit informiert werden sollen. Sie können dies vor der Hochzeit oder danach tun. Hochzeitsanzeigen können auch als Anzeige in die Tageszeitung gesetzt werden. Ganz klassisch sind beispielsweise folgende Formulierungen:

MUSTER I

Wir heiraten am ...
Heidi Weiß und Uwe Kessel
Adlerweg 8, Neudorf

MUSTER II

Wir trauen uns und lassen uns am ... trauen.
Heidi Weiß und Uwe Kessel
Adlerweg 8, Neudorf

5. Das Outfit

Die Braut gibt den Ton an.

Die Braut bestimmt, was getragen wird. Nach ihr richten sich Bräutigam und Gäste.

- Zum langen weißen Brautkleid mit Schleppe und Schleier gehört der Bräutigam im Frack und Zylinder. Die Gäste tragen Abendgarderobe.
- Zum weißen Brautkleid von Midi bis Mini paßt ein Smoking oder dunkler Anzug des Bräutigams mit weißem Hemd und Krawatte. Die Gäste tragen ebenfalls gehobene Ausstattung.
- Zu legerer „Straßenkleidung“ wie Kostüm, Hosenanzug, Kleid (immer mit Hut!) kann der Bräutigam von dunkel bis hell alles tragen, was mit der Aufmachung der Partnerin harmoniert. Auch die Gäste richten sich danach.

Passende Accessoires runden das Bild ab. Schmuck wird nur sehr dezent getragen.

TIP

▶ Ganz Pfiffige leihen sich das luxuriöse Outfit für den großen Tag beim Kostümverleih oder Brautmodengeschäft.

6. Brautstrauss und Blumen

Wichtig ist der Brautstrauß. Blumen der Jahreszeit oder die Lieblingsblumen der Braut werden zu einem handlichen Strauß komponiert, der die gesamte Erscheinung der Braut harmonisch unterstreicht.

TIP

▶ Nach dem Brautstrauß richtet sich der Blumenschmuck der Festtafel. Deshalb genau abstimmen.

Einmal über Rosen schreiten...

Ausreichend Streublumen in Körbchen bestellen. Die Jüngsten der Festgäste werden mit Begeisterung vor dem Brautpaar hergehen, wenn dieses Kirche oder Standesamt verläßt und zum Brautfahrzeug schreitet, und dessen Weg mit Blüten streuen.

7. Hochzeitskutsche, Rolls-Royce oder Minicooper?

Adressen für den Verleih finden Sie in jedem Branchenverzeichnis.

8. Geschenke und Geschenkliste

Geschenklisten sind bei Hochzeiten üblich, denn zu diesem Fest sind vorwiegend praktische und nützliche Geschenke gefragt. Die Geschenkliste enthält eine Auwahl größerer und kleinerer Wünsche, so daß für jeden Geldbeutel etwas Passendes dabei ist. Die Geschenke unbedingt mit Karte versehen, damit das Paar weiß, von wem das Geschenk kommt.

TIP

▶ Man kann nach dieser Liste schenken, jedoch besteht dazu keine Verpflichtung.

9. Die schönsten Bilder und Videos vom Fest

Professionelle Fotografen setzen Sie perefekt in Szene. Aber auch Hobbyfotografen und Videofans aus der Familie finden sich sicher gern bereit, alle Phasen des Festes abzulichten.

10. Festetikette

Tisch- und Sitzordnung

Die Tisch- und Sitzordnung ist bei einer Hochzeit wie bei jedem anderen Fest eine Sache von Takt und Fingerspitzengefühl. Unabhängig von der Tischform (Hufeisen, lange Tafel, runde Tische) bildet die Gruppierung „Brautvater – Brautmutter – Bräutigam – Braut – Bräutigamvater – Bräutigammutter" den Kern, um den sich alle übrigen nach dem Motto „Wer paßt zu wem am besten" gruppieren.
Tischkarten werden handschriftlich erstellt. Da es sich meist um Verwandte handelt, genügt in der Regel der Vorname.

Festreden: Reden auf das Brautpaar

Bei Hochzeiten gehören Tischreden einfach dazu!

Wieder gilt die einfache, aber doch so schwer zu befolgende Regel: kurz, kurz, kurz, aber humorvoll.
Die erste Rede hält traditionell der Vater der Braut, heute kann das natürlich auch die Brautmutter sein. In seiner Rede sollte er folgende Punkte abhandeln:

- Begrüßung des Schwiegersohns, seiner Eltern und Geschwister
- Freude über die Erweiterung der Familie und über den Schwiegersohn, vielleicht noch eine nette Familienanekdote mit der Tochter als Mittelpunkt.

Die zweite Rede hält der Vater (oder die Mutter) des Bräutigams, um die Schwiegertochter in die Familie aufzunehmen.
Dann ist der Bräutigam an der Reihe. Mehr als ein kurzer Dank an alle wird von ihm nicht verlangt.
Weitere Reden können nach gebührender Pause folgen – aber bitte nicht zu viele.
Zum Zeitpunkt der Rede: Reden und Essen gehören zusammen. Aber mit leerem Magen läßt sich schwer zuhören. Deshalb gibt es die erste Rede nach der Vorspeise. Weitere Reden folgen zwischen den Gängen.

TIP

▶ Melden Sie Ihre Rede vorher an (Brauteltern oder Hochzeitsmanager), damit die Reihenfolge festgelegt und zeitlich beim Auftragen des Essens eingeplant werden kann.

11. Musik und Entertainment bis Mitternacht

Zu einem Hochzeitsfest gehört Musik, sei es nun als Hintergrundmusik während des Empfangs oder beim nachmittäglichen Zusammensitzen. Diese Musik kommt aus der Musikanlage. Gute Hotels oder Restaurants haben eine solche Anlage in jedem Festraum und können Ihre Musikwünsche erfüllen.

Entertainment – ausgelassen und ausgefallen

Sie hätten gern Madonna oder Michael Jackson zu Gast bei Ihrer Hochzeit? Die Künstler werden persönlich vielleicht nicht erscheinen können, aber es muß ja nicht das Original sein. Künstleragenturen oder Organisatoren von Events können Ihnen zu Ihrem Wunschstar verhelfen.

Höhepunkte: Live-Music oder Disko und DJ

Eine Band oder ein Disk-Jockey bilden einen weiteren Höhepunkt des Festes, denn nun kann auf der Tanzfläche erst richtig losgelegt werden. Der erste Tanz gehört ausschließlich dem Brautpaar. Danach tanzen der Bräutigam mit seiner Schwiegermutter, die Braut mit ihrem Vater sowie der Vater des Bräutigams mit der Mutter der Braut. Anschließend tanzt sich das Brautpaar durch die ganze Festgesellschaft. So will es zumindest die alte Sitte.

12. Und nach dem Fest das Dankeschön

Zwei bis drei Wochen nach dem Fest werden an alle, die durch Geschenke, Glückwünsche und Festbeiträge zum Gelingen des Hochzeitsfestes beigetragen haben, Danksagungen verschickt. Sehr persönlich ist ein handgeschriebener Dank. Aber auch mit dem PC lassen sich individuelle und phantasievolle Danksagungen gestalten. Sehr hübsch ist es übrigens, wenn der Danksagung ein Hochzeitsfoto des Paares beiliegt.

10

Jubiläum: Verdiente Ehrungen festlich begehen

Ein Jubiläum wie die 25jährige Zugehörigkeit zu einer Firma oder Behörde oder das zehnjährige Jubiläum eines Geschäftes oder Vereins können Anlaß bieten, dieses Ereignis gebührend zu feiern. Feiern zum Berufsjubiläum können von der Firma organisiert werden, aber auch von Jubilarin oder Jubilar persönlich.

Wer wird eingeladen?

Gäste von Betriebsjubiläen sind Mitarbeiter, Vorgesetzte sowie ehemalige Arbeitskollegen, mit denen Sie eine lange und gute Zusammenarbeit verbunden hat, aber auch Geschäftsfreunde. Bei größeren Jubiläumsveranstaltungen werden vielfach auch Familienangehörige wie Ehe- oder Lebenspartner sowie die Kinder des Jubilars eingeladen.

Wo wird gefeiert?

Für Jubiläumsveranstaltungen innerhalb der Firma sind Sitzungsräume, Casino oder Büroräume geeignet.

Wann werden die Einladungen ausgesprochen?

Sie sollten vier bis sechs Wochen vor der Feier mündliche, telefonische oder schriftliche Einladungen verteilen. Bei größeren Veranstaltungen mit gedruckten Einladungen wird eine Gästeliste angefertigt, in der dann Zu- und Absagen eingetragen werden.

Wie soll die Feier ablaufen?

Zu einer Jubiläumsfeier gehören:

- Verleihung einer Urkunde
- Rede auf den Jubilar
- Dank des Jubilars
- anschließender Empfang mit Getränken und Imbiß.

Zentraler Aufhänger einer Jubiläumsfeier ist die Festrede (Laudatio), meist in Verbindung mit der Übergabe einer Urkunde. In diesem Zusammenhang sollten Sie folgende wichtige Punkte beachten:

1. Eine Rede ist meist ausreichend; in der Regel sind die Zuhörer durch mehr überfordert.

2. In gebotener Kürze sollte man berufliche Stationen und besondere Verdienste des Jubilars für die Firma hervorheben, Dank für die lange Zugehörigkeit aussprechen und ihm alles Gute für die Zukunft wünschen.

3. Eine Prise Humor sollte auch hier nicht fehlen.

Die Dankrede des Jubilars

Auch die Jubilare kommen nicht um eine Ansprache herum. Ein kurzer Rückblick gehört ebenso dazu wie der Dank an Firma und Vorgesetzte. Besonderer Dank gebührt vor allem denjenigen Mitgliedern des Kollegium, mit denen man lange Jahre gut zusammengearbeitet hat. Lobende Worte sind an einem solchen Tag besonders willkommen und heben die allgemeine Feststimmung. Mit einem besonders herzlichen Dank an den Vorredner, verbunden mit der Einladung zum nun folgenden Empfang, Imbiß oder Umtrunk, leitet man zum „gemütlichen" Teil des Festes über.

11

Karneval und Fasching: Fröhliches Treiben in der „fünften Jahreszeit“

Karnevalsfeste sind sehr kreative Feiern, bei denen bereits beim Planen und Vorbereiten gute Stimmung aufkommt. Der Karneval stellte in früheren Zeiten das letzte Freudenfest vor der langen fest- und fleischlosen Fastenzeit dar (aus dem lateinischen *„carne vale“* = *„Fleisch ade“* entstand der Begriff *Karneval*). Deshalb besitzt er wohl auch nur im (größtenteils katholischen) Rheinland einen so hohen Stellenwert, weil dann von Weiberfastnacht bis Aschermittwoch in den „närrischen“ Hochburgen nichts mehr läuft. Wer also als Zugereister aus Hamburg oder Berlin glaubt, er könne den „freien“ Donnerstagnachmittag (Weiberfastnacht) oder den Rosenmontag (den Höhepunkt des Straßenkarnevals) zum Einkaufen oder für Behördengänge nutzen, wird vor verschlossenen Türen stehen – hier schwingt Prinz Karneval sein Zepter, und das in Hochzeiten sieben Tage lang. Während also in Köln, Aachen und Düsseldorf am Donnerstag und Montag der Karnevalswoche sehr intensiv gefeiert wird, haben die Münchner ihren Schwerpunkt auf den Faschingsdienstag gelegt, an dem dort dann viele Geschäfte und Ämter schließen.

Soviel zum Brauchtum. Wer an dieser Art von närrischem Treiben keinerlei Gefallen findet, dem mag der folgende Abschnitt als Anregung für eine Mottofete dienen – die man dann (jahreszeitlich unabhängig) auch im November oder Mai feiern kann.

Wann wird eingeladen?

Die heiße Phase des Faschings oder Karnevals beginnt im Januar und reißt bis Aschermittwoch nicht ab.

Einladungen zwei bis vier Wochen vor dem geplanten Fest verteilen. Die Clip-Art-Kollektion im PC gibt Ihnen bestimmt Anregungen für verrückte Einladungskarten.

Tip

- Nennen Sie neben Ort, Zeit und Tag schon mal das Motto oder Thema des Karnevalsfestes, damit die Gäste entsprechende Kostüme oder Festbeiträge planen können.

Wo wird gefeiert?

Partykeller, Scheune oder Gemeinderäume sind ideal, müssen aber rechtzeitig reserviert werden. Bei Feiern in der eigenen Wohnung sollte man alles wegräumen, was empfindlich ist.

Wie wird gefeiert? – Hitliste der Stimmungsmacher

Hit Nr. 1 – Musik

Karnevalsschlager sind die unschlagbaren Stimmungsmacher auf jeder Karnevalsparty. Sorgen Sie für einen ausreichenden Vorrat an CDs und Kassetten. Auch Dauerbrenner wie die „Polonäse Blankenese" nicht vergessen!

Hit Nr. 2 – die Dekoration

Die Dekoration ist entweder „normal-karnevalistisch" (beispielsweise Masken, Luftschlangen, Luftballons oder Karikaturen) oder themenbezogen (Maske in Blau, Die verrückten Zwanziger, Fasching auf dem Lande). Die Dekoration muß schon einige Zeit vorher vorbereitet werden. Wände lassen sich gut mit selbstentworfenen „jecken" Malereien verkleiden. Auch Ungeübte erzielen oft die witzigsten Ergebnisse, wenn auf Packpapierrollen oder Tapetenstreifen mit Plakafarbe oder Abtönfarbe aus dem Baumarkt mit flotten Pinselstrichen närrisches Treiben entsteht.

Merke: Schön muss es nicht sein, aber lustig.

Stoffbahnen eignen sich ebenfalls für dekorative Effekte. Luftballons in dicken Trauben und Luftschlangen gehören auch dazu.

Beleuchtung

Ein bißchen schummrig darf es sein. Kann Partybeleuchtung mit entsprechenden Effekten installiert werden, um so besser.

Hit Nr. 3 – Kostüm und Verkleidung

Schräg und schrill

Was wäre ein Karnevalsfest ohne die verrückten Kostüme. Mal erscheinen Teufelinnen mit wilder roter Mähne, dann wieder tummelt sich das Langohr Mr. Spock neben Tarzan und der schönen Haremsdame.

Kostüme werden entweder passend zum Thema des Festes gewählt oder nach Lust und Laune – Hauptsache, schön schräg und schrill.

Hit Nr. 4 – Trinken und Essen

Mit und ohne Alkohol

- Obergäriges Bier (Kölsch oder Alt, am besten direkt vom Faß) ist das klassische Getränk des rheinischen Karnevals
- Wein je nach Geschmack der Gäste, ist aber kein Muß
- Cola, Limo, Mineralwasser
- Besonders günstig bei einem größeren Fest: Aufbau einer Bar mit Service (Hilfspersonal besorgen, wenn Sie nicht selbst hinter der Bar stehen).

KALTES BÜFFET UND HEISSE MITTERNACHTSSUPPEN
Karneval geht es deftig zu. Frikadellen, Saure Heringe und Gurken, Brühwürstchen sowie Kartoffel-, Bauern- und Wurstsalat gehören zu den Rennern auf dem Büffet. Bei Festen mit guten Freunden wird die Arbeit oft geteilt. Jeder steuert etwas zum großen Büffet bei. Salziges und Süßes darf aufgetischt werden, aber auch eine scharfwürzige heiße Suppe, zu später Stunde serviert, kann durchaus eingeplant werden.

12

KINDERFESTE: SINGEN, SPIELEN, RATEN, LACHEN – FESTE, DIE UNS FREUDE MACHEN

KINDER MÖGEN FESTE.

Jedes Kind freut sich schon lange vorher auf ein solches Fest und genießt ausgiebig die Vorfreude. Lassen Sie sich davon anstecken, und lassen Sie bei der Vorbereitung eines Kinderfestes jeglichen Erwartungsdruck außen vor. Folgende einfache Regeln haben sich immer bewährt:

1. Die Zahl der eingeladenen Kinder soll sich nach dem Alter Ihres Kindes richten, also Dreijährige dürfen drei Kinder einladen, mit fünf Jahren sind es fünf Gäste. Zu viele Kinder überfordern nicht nur die kleinen Gastgeber, sondern meist auch die Eltern.

2. Für Kinder gilt wie auch für Erwachsene, daß die Gäste einander ergänzen und gleiche Interessen haben sollten. Denn dann ist die Gefahr am geringsten, daß ein Kind sich ausgrenzt und alles „doof“ findet, was gespielt werden soll. Wobei man natürlich nie ganz ausschließen kann, daß so etwas dennoch passiert.

Wenn gutes Zureden und Ermuntern nichts nützen, sollten Sie dem „Quengelpitter" freistellen, nach Hause zu gehen. Jeder hat mal einen schlechten Tag, auch Kinder.

3. Grenzen müssen sein. Auch bei ausgelassenen Kinderfesten gibt es einige Regeln, die eingehalten werden müssen, damit das Fest gelingt. Von ganz wenigen Ausnahmen abgesehen, akzeptieren Kinder durchaus bereitwillig die vorgegebenen „Spielregeln".

4. Je älter Ihre Kinder werden, desto mehr können (und sollten!) Sie sich bei den Festen im Hintergrund halten.

5. Hilfe, mein Kind bockt! Als Gastgeber muß man eine schwere Aufgabe meistern. Deshalb geschieht es oft, daß ein Kind dieser Rolle plötzlich nicht mehr gewachsen ist. Das Fest ist auf dem Höhepunkt, alle Kinder sind ausgelassen und fröhlich, nur die Hauptperson zieht sich schmollend in eine Ecke zurück. Offenbar ist der kleine Max schlichtweg überfordert. Wie kann man in solchen Fällen Abhilfe schaffen? Gönnen Sie Ihrem Kind eine Verschnaufpause. Wenn es sich eine Weile zurückgezogen und wieder erholt hat, wird es meist wieder genauso fröhlich an der Party teilnehmen wie zuvor.

6. Geschenke von Kindern an Kinder sollten sich an Taschengeldsätzen orientieren. Manchmal legen die eingeladenen Kleinen zusammen und kaufen gemeinsam ein Geschenk.

Wer kommt?

Natürlich weiß Ihr Kind genau, wen es einladen möchte. Die Auswahl ist nicht immer einfach, und Ihr kluger Rat ist gefragt, damit sich die Gästezahl in Grenzen hält.

Tip

▶ Kinder brauchen nicht automatisch jeden einzuladen, bei dem sie mal eingeladen waren.

Wo feiern wir?

Werfen Sie einen kritischen Blick auf Ihre Wohnung. Welches Zimmer bietet den meisten Platz für kindliche Festaktivitäten? Günstig sind natürlich Hobbyräume oder Keller. Die schönsten Feste finden manchmal in der Küche statt. Das Kinderzimmer ist nur mit Einschränkungen geeignet. Schließ-

lich müssen Sie damit rechnen, daß so ziemlich alles, was sich in diesem Zimmer befindet, die Neugier der kindlichen Gäste erweckt. Wer hier nicht zu einer gewissen Großzügigkeit neigt, ist schnell überfordert.
Ideale Feierplätze sind – sofern das Wetter mitspielt – sämtliche Stellen, wo Kinder ungehindert toben können: Wiesen, Wald, Wasser (z.B. Bachläufe, Flußufer oder Seen – allerdings nur, wenn die Stelle garantiert ungefährlich ist) oder pfiffige Spielplätze.

DER BESONDERE KINDERGEBURTSTAGSGAG – TIERE UND VIEL PLATZ!

Feiern auf dem Bauernhof

Wo Sie solche Kinderfeste feiern können, erfragen Sie bei den jeweiligen Landwirtschaftskammern. Dort erhalten Sie Adressen von Höfen in Ihrer Nähe, die auf Kinderfeste mit Toben auf dem Heuschober, Traktorfahren und Ponyreiten bestens vorbereitet sind.

Wann wird gefeiert?

Feste für Kinder finden am günstigsten nachmittags statt. Für kleine Kinder sind zwei bis drei Stunden am Nachmittag ausreichend, größere Kinder halten schon mal länger durch. Beliebt sind auch Feste mit gemeinsamem Übernachten, vor allem Zelten.

Wie wird gefeiert?

Einladungen

Einladungen zum Kinderfest sollen bunt, witzig und kindgemäß sein. Neben sehr hübschen, vorgedruckten Einladungskärtchen kann natürlich jeder, der eine kreative Ader besitzt, solche Karten selbst herstellen. Kinder haben dabei meist die besten Einfälle.
Eine Einladung im Luftballon zu deponieren, der dann aufgeblasen werden muß, um die Botschaft zu finden, ist mittlerweile zwar nicht mehr neu, aber immer wieder ein Erfolg. Einladungen können auch in einer Schachtel versteckt überreicht werden; Sie können sie aber auch verschnüren und versiegeln, zum Puzzle zerschneiden oder als Geheimbotschaft verschlüsseln. Entscheidend ist jedoch, daß in jeder Einladung genau steht, wer wo und wie lange feiert.

Günstig ist auch, wenn schon aus der Einladung hervorgeht, ob die Kinder nach der Feier abgeholt werden sollen oder ob sie von Ihnen nach Hause gebracht werden.

MUSTER I

Liebe Claudia,
zu meinem Geburtstagsfest am 3. März von 15.00 bis 18.00 Uhr
lade ich Dich herzlich ein.
Deine Silvia

MUSTER II

Lieber Jan,
am 3. März sind die Gespenster los.
Wenn Du Dich mitgruseln willst, dann komme
um 16.00 Uhr in die Gartenstraße 12, klingele 3 x
und sage das Paßwort „Geburtstag".
Wir spuken, bis es ganz dunkel ist.
Spätestens zwei Stunden vor Mitternacht
bringt meine Mutter alle Gespenster wieder nach Hause.
Deine Katrin

Outfit

Nicht hübsch und fein, sondern praktisch und strapazierfähig soll die Kleidung bei Kinderfesten sein, damit weder das Ballspiel auf der grünen Wiese noch der Ketchupfleck viel Schaden anrichten können.

Essen und Trinken

Kinder haben einen anderen Geschmack als Erwachsene. Pizza, Pommes frites und Nudeln gehören nach wie vor zu den kulinarischen Hits für Kinder. Aber selbst da gibt es Überraschungen: Der eine mag nur den Rand der Pizza (ohne alles), manche wollen keinen Käse, andere ekeln sich vor Tomaten. Es gibt junge Vegetarier, und ab und zu haben wir einen kleinen „Vielfraß" zu Besuch, der aber auch wirklich alles vertilgt. Erkundigen Sie sich nach Möglichkeit vorher nach den Vorlieben der jungen Gäste.

Was Kinder mögen

- Süßes: Beliebt bei Kindern sind Rührkuchen mit ansprechenden Verzierungen (Gummibärchen, bunte Schokolinsen, bunter Zuckerguß). Selbstgebackene Waffeln frisch aus dem Waffeleisen machen viel Arbeit, sind aber meist ein Renner.
- Salziges: Pizza, Nudeln mit Soßen, Pfannkuchen, Pommes frites mit Ketchup, Hamburger
- Getränke: Apfelsinen- und Apfelsaft, Wasser, Tee, Limo oder Cola.

Was Kinder nicht mögen

- Essen, das nur mit viel Geschick mit Messer und Gabel bewältigt werden kann
- Essen mit sehr scharfen oder ungewohnten Zutaten
- Essen, bei dem sie nicht sofort erkennen, was alles „drinsteckt“
- Als Getränke sind Milch und Kakao in der Beliebtheitsskala stark gesunken.

Vollwertkost beim Kinderfest – ja oder nein?

Manche mögen es, manche mögen es nicht. Ein goldener Mittelweg zwischen Schleckerkram und gesunder Kost ist bei Kinderfesten anzuraten.

Musik

Kein Fest ohne Musik. Ob Kinderlieder oder Boy-Groups, das hängt natürlich vom Alter ab. Die Musik regt an zum Mit- und Nachmachen, und bei manchen Spielen wie beispielsweise „Reise nach Jerusalem“ ist sie geradezu unverzichtbar.

Kinder, Spass und Videos

Videos sind unschlagbar, wenn eine Rasselbande bei Regenwetter zum ruhigeren Teil des Festes übergehen soll. In Sofas, Sesseln oder auf dem Fußboden sitzen dann die wildesten Jungs und Mädchen einträchtig und fiebern bei den Abenteuern ihren Lieblingshelden mit oder lachen über den unverwüstlichen Enterich Donald Duck. Wohlgemerkt, ein Kinderfest soll kein Video-Nachmittag sein, aber Sie sollten ein möglichst lustiges Video (das mögen alle Altersgruppen) für den Fall der Fälle bereithalten.

Keine Panik bei McDonald's

Da hilft kein Heulen und Zähneknirschen, aber McDonald's steht nun mal unangetastet auf Rang eins in der Kindergunst. Wenn Ihr Kind den dringenden Wunsch äußert, dort zu feiern, oder wenn Sie aufgrund beruflicher Überbeanspruchung nicht dazu gekommen sind, den Kindergeburtstag vorzubereiten, dann bringen Sie die ganze Truppe zu McDonald's (oder zu einem anderen „Fast-Food-Tempel"). Sie brauchen hier wirklich kein schlechtes Gewissen zu haben, denn dort gibt es Profis, die mit der jungen Kundschaft und deren Vorlieben bestens vertraut sind und schon so manche Kindergesellschaft bei Laune gehalten haben.

Tip

▶ Bestellen Sie nach Ihrem (!) Augenmaß. Denn wenn ein Kind drei Doppelwhopper, eine Mega-Cola und den größten Eisbecher bestellt, dürfen Sie ruhig regulierend eingreifen; andernfalls wird dem kleinen Gast hinterher speiübel, oder die Hälfte der Bestellung bleibt angebissen auf dem Tisch liegen. Beides muß nicht sein.

Kosten

Gute Laune kostet nichts.

Ein schönes Fest muß nicht teuer sein. Selbstgebackener Kuchen oder Pizza vom Blech kosten von den Zutaten her nicht die Welt. Ein Vater, der sich die Zeit nimmt, den ganzen Nachmittag mit den Kindern auf der Wiese zu spielen und zu toben, ist besser als jeder für viel Geld engagierter Zauberer.

Wenig Aufwand, große Wirkung

Bei einem unserer Feste gab es nichts zu gewinnen, aber am großen Tisch wurden aus Bastelpappe pfiffige Kerzenhalter hergestellt. Die Kinder hatten viel Freude an dieser Arbeit und nahmen die Ergebnisse stolz mit nach Hause.

Zum Schluss: Kinderfest mal ganz anders

Gehen Sie mit den Kindern ins Museum. Viele Museen bieten inzwischen Kinderprogramme mit verschiedenen Aktivitäten und „Museum zum Anfassen". Da kann gemalt, gehämmert oder geraten werden, und Kinder und Erwachsene haben ihren Spaß daran.

13

Kommunion – Familienfest am Weissen Sonntag

Ehe ein Kind zur Erstkommunion geht, muß es am Kommunionsunterricht teilgenommen haben, der ungefähr ein halbes Jahr dauert. Früher fand die Erstkommunion traditionell am „Weißen Sonntag", dem ersten Sonntag nach Ostern, statt. Heute ist es in vielen Gemeinden üblich, auf einen anderen Sonntag, meist jedoch im Mai oder Juni, auszuweichen. Aufgrund der rückgängigen Mitgliederzahlen der Gemeinden (und auch infolge der teilweise geburtenschwachen Jahrgänge) ist es mancherorts auch üblich, zwei Jahrgänge zusammenzufassen und also nur in jedem zweiten Jahr die Erstkommunion zu begehen. Bei der Anmeldung Ihres Kindes zum Kommunionsunterricht erfahren Sie alle für Sie wichtigen Termine.

Tip

- Vergessen Sie nicht, zur Anmeldung Stammbuch und die Taufbescheinigung mitzubringen.

Wie wird gefeiert?

Überfordern Sie Ihr Kind nicht mit einem Riesenfest.

Bei der Kommunion gilt es, einen Mittelweg zu finden zwischen dem feierlichen Anlaß und einer angemessenen Berücksichtigung der kindlichen Bedürfnisse, denn die Jungen und Mädchen, die zur Kommunion gehen, sind meist nicht älter als 8 oder 9 Jahre. Eine ausgewogene Mischung zwischen dem Wünschen von Erwachsenen und Kindern ist für die gelungene Festatmosphäre von großer Bedeutung. Denn weder wollen Sie ein Treffen der Erwachsenen, bei denen die Kinder nur herausgeputzte, störende Anhängsel sind, noch ein Kinderfest, in dem jedes Gespräch im Toben der Kinderschar untergeht.

Wann wird gefeiert?

Die Einladung zur Feier der Erstkommunion beginnt mit dem Sonntagsgottesdienst. Der festliche Einzug der Kommunionkinder in die Kirche ist ein Höhepunkt des Tages. Sie sollten deshalb Ihre engsten Verwandten, insbesonders die Paten, auf jeden Fall bitten, daran teilzunehmen.

Sie können die sonntägliche Einladung mit dem nachmittäglichen Kaffeetrinken beenden, was sich besonders empfiehlt, wenn viele Gäste von außerhalb noch eine längere Heimreise vor sich haben. Die Einladung kann selbstverständlich noch auf das Abendessen ausgedehnt werden. Die Nachfeier am Montag findet, soweit üblich, am Nachmittag oder Abend statt.

Wenn Ihnen zwei Feiern zu viel sind, können Sie es auch bei der sonntäglichen Feier bewenden lassen.

Wo wird gefeiert?

Die erste Frage ist immer: Feiern wir zu Hause oder auswärts? Da von dieser Entscheidung das Gelingen des Festes abhängt, sollten Sie genau abwägen.

Für die Feier zu Hause brauchen Sie folgendes:

- Genügend Platz, um alle Gäste unterzubringen
- Freude an der Organisation von Festen
- Geschick und gutes Küchenmanagement
- ggf. auch einen exzellenten Partyservice, der Ihnen die Arbeit vom Kochen bis zum Servieren und Abräumen abnimmt.

Für die Feier im Restaurant sprechen folgende Argumente:

- Ein schönes Restaurant mit gepflegter Ausstattung hebt die Feststimmung
- Sie können sich zusammen mit den übrigen Gästen an einen gedeckten Tisch setzen und das Essen genießen
- Sie haben keine zeitaufwendigen häuslichen Vorbereitungen.

Was kostet die Feier?

Stellen Sie eine Liste auf, und überschlagen Sie die Ausgaben. Kalkulieren Sie dabei nicht zu knapp!

- Kommunionkleid/-anzug mit Zubehör
- Evtl. neue Garderobe für Geschwister oder Eltern
- Speisen und Getränke pro Person (Restaurant, häusliche Feier)
- Tischschmuck, Blumen
- Kuchen, Getränke (für Sonntag und ggf. Montag)
- Abendessen (Sonntag bzw. auch Montag)
- Fotograf
- Druck von Danksagungskarten
- Anschaffungen für die häusliche Feier (Nachkauf von Geschirr und Gläsern).

Mittags Feier im Restaurant und Kaffeetrinken zu Hause

Festvorschlag mit Zeitplan und Checkliste

Bei dieser Variante hält sich der Aufwand an Vorbereitung in Grenzen und kann auch vom Gastgeber mit wenig Zeit gut bewältigt werden. Der folgende Festvorschlag inklusive Zeitplan und Checkliste soll Ihnen bei der Organisation helfen. Alle diejenigen, die sich für eine rein häusliche Feier entscheiden, finden im nächsten Abschnitt „Konfirmation" (Seite 113) die entsprechenden Planungs- und Vorbereitungsvorschläge.

Wie wird vorbereitet?

1. Einladungen

Eingeladen wird, sobald der Termin für die Kommunion feststeht, meist mündlich oder schriftlich. Denken Sie daran, einen Lageplan für Ortsfremde anzufertigen! Bei Übernachtungsgästen sollten Sie abklären, ob Hotelzimmer reserviert werden müssen oder ob die Gäste in eigenen Gästezimmern untergebracht werden können.

2. Restaurantauswahl

Folgende Checkliste ist hierbei hilfreich:

- Ist das Restaurant gut erreichbar?
- Werden Sie schnell und aufmerksam bedient?
- Ist das Restaurant kinderfreundlich?
- Sind die Speisen hübsch angerichtet?

- Kommen alle bestellten Essen gleichzeitig auf den Tisch?
- Gibt es einen separaten Raum, den Sie für die Feier reservieren können? Ein separater Raum ist besonders günstig, wenn kleinere Kinder dabei sind. Da können die Kleinen schon einmal umhertollen, ohne zu stören.
- Ist der Gesamteindruck des Lokals ansprechend?
- Entspricht die Leistung Ihren Preisvorstellungen?

3. Die richtige Reservierung

Führen Sie das Reservierungsgespräch nicht, während im Lokal Hochbetrieb herrscht. Vereinbaren Sie einen Termin.

Sonderwünsche schon bei der Reservierung angeben.

- Das Festmenü

  Besprechen Sie Ihre Wünsche mit dem Restaurantchef. Bei der Reservierung wird das Festmenü verbindlich festgelegt. Lassen Sie sich in jedem Fall Vorschläge unterbreiten. Ein gemeinsames Menü für alle ist stets die günstigere Lösung. Bei Festen mit Kindern sollten Sie bedenken, daß nicht jedes Kind ein komplettes Menü verzehrt. Hier können Sie mit dem Küchenchef beispielsweise Kinderportionen oder Extras wie „nur einen Teller Pommes" vereinbaren. Das sollte jedoch am besten schon bei der Reservierung geschehen.
- Getränke

  Passend zum Essen sollten Sie Wein oder Bier, Mineralwasser, Säfte und Limonade auswählen.
- Anzahl und Unterbringung der Gäste im Restaurant

  Legen Sie fest, wo Sie mit Ihrer Festgesellschaft sitzen möchten, also entweder im Gastraum oder in einem Extra-Raum.

Tip

▶ Keine Tische neben Eingang, Küche oder Toilette akzeptieren!

- Tischanordnung (Hufeisen, Runde, lange Tafel)
- Datum und Dauer der Reservierung
- Blumen und Kerzen als Dekoration. Erkundigen Sie sich unbedingt nach den Kosten
- Tischkärtchen

  Wenn das Restaurant für Tischkärtchen sorgen soll, müssen Sie Namensliste und Tischordnung abgeben.

- Preisvereinbarung für alle Leistungen
  Viele Restaurants bestätigen die Reservierung schriftlich. Wenn Sie hier Stammgast sind, ist das nicht unbedingt nötig.

Fototermin

Rechtzeitig einen Termin beim Fotografen vereinbaren. Fotografiert wird traditionell am Montag nach der Kommunion.

Das Outfit – Was ziehen wir an am grossen Tag?

Ohne Kommunionkleid oder Kommunionanzug geht es nicht. Besonders Töchter haben als kleine Evas schon oft sehr ausgeprägte Vorstellungen von „ihrem" Kleid. Am liebsten möchten sie natürlich ein neues selbstausgesuchtes Kleid. Sie

sollten aber als Eltern bei der Anschaffung bedenken, daß ein Kommunionskleid – ebenso wie der Kommunionsanzug – praktisch nur einmal getragen wird. Zum Kleid kommt noch das Zubehör wie passende Schuhe, Strumpfhosen, Kränzchen, Täschchen oder Beutel, Kerzentuch.
Jungen brauchen zum Anzug ein passendes weißes Hemd, vielleicht eine Weste, eine Fliege, dunkle Söckchen und Schuhe, das kleine Maiglöckchensträußchen im Knopfloch und das Kerzentuch.

TIP

▶ Ihr Kind muß sich im Festtagsoutfit wohlfühlen. Es soll sich (nach Möglichkeit) nicht verkleidet vorkommen.

Ein kritischer Blick in den Kleiderschrank legt u.U. andere Probleme offen:

- Muß Vaters blauer Anzug noch einmal in die Reinigung? Sind die passenden Schuhe, die Krawatte, das Hemd tadellos?
- Müssen Geschwister noch eingekleidet werden?

TIP

▶ Die Kleidung der Geschwister kann durchaus nach praktischen Gesichtspunkten der ganzjährigen Verwendbarkeit erstanden werden.

- Hängt in Mutters Kleiderschrank das richtige Outfit für den großen Tag? Oder müssen Sie die Garderobe doch noch ergänzen? Prüfen Sie in Ruhe.

So sind Sie immer passend gekleidet

- Mutter: Kostüm, Hosenanzug mit hübscher Bluse oder Kleid mit Blazer, von dunkel bis hell sind alle dezenten Farben erlaubt.
- Vater: Der blaue Anzug ist immer richtig. Wer es heller und modischer mag, hat hier freie Hand, sollte sich aber daran orientieren, wie die übrige Familie gekleidet ist.
- Geschwister: Sie finden bestimmt die richtige Mitte zwischen „hübsch und praktisch". Zwar gehört es zur Bedeutung eines Festes, daß sich alle an diesem Tag besonders

schön anziehen, aber die Kleidung sollte nicht nur zu einem Anlaß tragbar sein.

Die Tischordnung oder „Wer sitzt gern neben wem?"

Im Abschnitt „Tischordnung in Stichpunkten" finden Sie alles, was Sie wissen müssen, um eine perfekte Tischordnung zu erstellen. In diesem Fall ist das Kommunionskind Mittelpunkt des Festes. Den Paten stehen Ehrenplätze zu.

Zeitplan für die Erstkommunionfeier

14 Tage vor dem Kommunionssonntag

- Kommuniontorte beim Konditor bestellen.
- Wer auf die Hilfe der Konditorei verzichtet: Schaffen Sie Platz im Gefrierschrank für Torten und Kuchen, ob selbstgebacken oder aus der Tiefkühltruhe vom Supermarkt.
- Besorgen Sie Kaffee, Tee, Säfte, Wasser oder Limonade (je nach Geschmack).
- Wein- oder Biervorräte sind nur dann nötig, wenn Gäste bis zum Abend bleiben oder – wie vor allem in den Weingegenden üblich – nach dem Kaffeetrinken zum Plausch noch ein Glas Wein getrunken wird. Auch Biertrinker verspüren nach den süßen Kuchengenüssen oft das Bedürfnis, mit einem Schluck herbem Gerstensaft die Geschmacksnerven zu besänftigen.

Gute Planung ist die halbe Arbeit.

- Prüfen Sie Tischwäsche und Geschirr für die Kaffeetafel. Sind genügend Kuchengabeln, Tortenheber und Thermoskannen vorhanden?
- Kaufen Sie Servietten und Kerzen. Am besten sind Pastellfarben, passend zum Anlaß. Weiß ist die Farbe dieses Festtages, wie es ganz deutlich bei den weißen Kleidern der Mädchen und im weißen Zubehör der Jungen zum Ausdruck kommt. Darauf sollten Sie dann auch bei der Tischdekoration achten.
- Blumendekoration für den Kaffeetisch bestellen. Überlegen Sie genau, ob Sie Platz für aufwendige Dekorationen haben oder ob hübsch plazierte kleine Sträuße in Vasen nicht für genügend Farbtupfer am Kaffeetisch sorgen.
- Müssen noch Stühle oder Tische ausgeliehen werden?

- Wer sorgt für die Kaffeetafel zu Hause? Ist eine freundliche Hilfe vorhanden? Wer hilft beim Servieren?
- Outfit noch einmal kritisch überprüfen. Sitzt alles wie angegossen? Fehlt nichts?

Eine Woche vorher

- Für alle, die besonders gründlich sind: Der Frühjahrsputz vor einem großen Fest lohnt sich doppelt.
- Im Tiefkühlschrank sollten Sie Pizzen oder andere schnelle Lieblingsgerichte „einbunkern", damit am Samstag vor der Kommunion alle ohne großen Aufwand satt werden.

Freitag vor dem Fest

- Ob Sie selbst dafür sorgen, daß Haus oder Wohnung in frischem Glanz erstrahlen, oder die Plackerei einer Putzfrau überlassen: Heute haben Sie noch einmal Gelegenheit, richtig sauberzumachen.

Samstag vor dem Fest

- Kaffeetafel für den Sonntag vorbereiten
- Kleidung bereitlegen
- Fotoapparat oder Videorekorder bereithalten
- Damit am Sonntag morgen alles „wie am Schnürchen" klappt: Regeln Sie, wer am Sonntag wie lange ins Bad darf, wann das Frühstück auf dem Tisch steht und wann alle Beteiligten allerspätestens für die Abfahrt zur Kirche fertig sein müssen.

Endlich ist der grosse Tag da!

- 7.00 Uhr: Wecken
- 8.00 Uhr: Frühstück
- 8.30 Uhr: Kommunionkleid oder Anzug erst nach dem Frühstück anziehen lassen
- 9.00 Uhr: Die ganze Familie ist bereit. Fehlt nichts? Kerze, Gesangbuch, Taschentuch? Fotoapparat oder Camcorder?
- 9.30 Uhr: Ankunft in der Kirche, Treffen mit Gästen
- 10.00 Uhr: Gottesdienst
- 11.30 Uhr: Fahrt zum Restaurant
- 12.00 Uhr: Eintreffen der Gäste (Filmen oder Fotografieren nicht vergessen!)

- 12.30: Beginn des Mittagessens, die Gastgeber begrüßen die Gäste und eröffnen die Tafel
- 14.00 Uhr: Die Gastgeber heben die Tafel auf und informieren die Gäste über den weiteren Festverlauf.

ABWECHSLUNG DURCH ORTSWECHSEL.

Ortswechsel

- Geben Sie den Gästen die Gelegenheit, frische Luft zu schnappen. Planen Sie bei der Heimfahrt deshalb einen Abstecher zu einer interessanten Sehenswürdigkeit ein.

TIP

▶ Durch diesen „Zwischen-Stop" bekennt auch das „Kaffee-Team" einen Vorsprung, um nach Hause zu fahren und dort inzwischen Kaffee zu kochen und die Kuchen auf den Tisch zu stellen, sofern Sie nicht jemand haben, der das in Ihrer Abwesenheit schon besorgt hat.

- 15.00 bis 16.00 Uhr: Die Gäste treffen bei Ihnen zu Hause ein.

Manch ein Kommunionskind möchte sich ganz schnell umziehen, weil es sich in Alltagskleidung wohler fühlt. Andere Kinder genießen es, auch optisch Mittelpunkt des Tages zu sein.

Sobald die Gästeschar vollständig eingetroffen ist und Sie alle Thermoskannen gefüllt haben, wird die Kaffeetafel eröffnet.

Danach geht es zum gemütlichen Teil über. Zum Abräumen finden sich meist genügend helfende Hände, so daß auch die Gastgeber und stolzen Eltern den Festtag ihres Kindes genießen können. Jetzt können auch die Geschenke ausgepackt und bewundert werden.

MONTAG IST DER TRADITIONELLE TERMIN BEIM FOTOGRAFEN.

Was geschieht am Montag?

Für die Nachfeier am Montag finden Sie Anregungen unter dem Stichwort „Konfirmation" (Seite 117).

14 Tage nach dem Fest

Ein möglichst selbstgeschriebener Dank des Kommunionkindes für die vielen Geschenke und Aufmerksamkeiten zusammen mit einem hübschen Foto sind ein schöner Abschluß des Festes.

14

Konfirmation – ein Schritt auf dem Weg ins Erwachsenwerden

Die Konfirmation ist ein Fest, das nur einmal im Leben gefeiert wird.

Schon bei der Planung sollte immer bedacht werden, daß dieses Fest seinem Sinn nach einen ersten Eintritt in das Erwachsensein markiert. Deshalb ist dieses Fest immer durch eine gewisse Feierlichkeit und Festlichkeit in der Ausgestaltung gekennzeichnet. Daß es dabei aber nicht zu steif zugeht, dafür sorgen schon die jugendlichen Gäste.

Wann wird gefeiert?

Da im Frühjahr und Frühsommer neben den Festlichkeiten zur Konfirmation und Kommunion auch viele Hochzeiten gefeiert werden, sind die besten Restaurants oder Gaststätten oft sehr früh ausgebucht.

Tip

- Je früher Sie das Datum des Festtages kennen, um so besser für Ihre Planung.

Wie lange wird gefeiert?

Die Konfirmation ist ein langes Fest. Oft findet der Abendmahlgottesdienst, bei dem Paten oder Großeltern dabeisein wollen, schon am Samstagnachmittag statt. Sie müssen deshalb immer mit Übernachtungsgästen rechnen, wenn nicht alle am selben Ort wohnen. Die übrigen Gäste werden meist für die Zeit vom sonntäglichen Morgenkirchgang bis zum Nachmittagskaffee erwartet.

Wer wird eingeladen?

Eingeladen werden außer den engsten Verwandten auf jeden Fall die Taufpaten, deren Patenpflichten im eigentlichen Sinn mit der Konfirmation ihren Abschluß finden. Zur Feier am Montag kommen meist Freunde und Nachbarn. Eingeladen wird meist mündlich, aber auch schriftlich, sobald der Termin der Konfirmation feststeht.
Bei schriftlicher Einladung muß diese Anlaß, Datum, Beginn und Ende der Veranstaltung enthalten. Für Ortsunkundige sollten Sie eine Wegskizze mit Lage der Kirche (ggf. Parkmöglichkeiten) beifügen. Betonen Sie, daß frühes Erscheinen ratsam ist, weil die Plätze in der Kirche an diesem Tag schnell belegt sind.

Wo wird gefeiert?

Feier ausser Haus

Am Konfirmationssonntag gehört das gemeinsame Mittagessen zum Höhepunkt des Tages. Bei der Auswahl des Restaurants sollten Sie bedenken, daß Ihre Gäste altersmäßig sehr gemischt sind. Hier müssen Sie einen vernünftigen Kompromiß zwischen den Pizzagelüsten der jungen Gäste und Großpapas Vorliebe für deftige Hausmannskost finden. Als stets günstige Variante bietet sich an, ein Restaurant in der Nähe Ihrer Wohnung auszuwählen, in dem Sie vielleicht schon einige Male zu Gast waren und deshalb die Qualität von Küche und Service kennen. Manchmal erweisen sich auch Restaurantempfehlungen von Freunden oder Bekannten als geeignet. (Auf alle Fälle sollten Sie zuvor dort einmal probeweise essen.) Weitere Organisationshinweise für die Feier im Restaurant finden Sie im Abschnitt „Kommunion".

Die Konfirmationsfeier zu Hause

In den eigenen vier Wänden lassen sich familienfreundliche Feste sehr gut feiern, wenn die Schar der Gäste nicht zu groß ist. Prüfen Sie, ob Ihr Platzangebot ausreicht. Überlegen Sie, ob Sie von der zeitlichen Einteilung her trotz der Verpflichtungen als Konfirmandeneltern (Kirchgang) Ihrer Rolle als

Gastgeber vom Vormittag bis zum Abend gerecht werden können.
Die Vorteile liegen in der familiären Atmosphäre und individuellen Gestaltung, und zudem wirken sich Eigenleistungen in der Regel kostengünstiger aus. Die Nachteile sind allerdings klar ersichtlich: Sie haben wesentlich mehr Arbeit mit Organisation und Durchführung der Feier.

Wie wird gefeiert?

Unser Vorschlag für ein gelungenes Konfirmationsfest zu Hause sieht folgendermaßen aus:

1. Essen und Trinken

Der Clou ist unser Konfirmationsmenü – einfache Zubereitung, grosse Wirkung.

Konfirmationszeit ist Frühlingszeit. Sie können deshalb zur Grundlage des Festmenüs das feinste Frühlingsgemüse der Saison machen – den Spargel. Dies hat einen unschätzbaren Vorteil. Zu Spargel wird traditionell Schinken gereicht, so daß die Vorarbeit mit der Zubereitung zeitaufwendiger, komplizierter Braten und Soßen entfällt.

2. Platzfrage klären, wenn zu Hause gefeiert wird:

- Sind ausreichend Stühle vorhanden? Ist der Tisch groß genug für alle Gäste? Wer kann mit Tisch oder Stühlen aushelfen?
- Tolle Tische mit viel Stellfläche: Tischtennisplatten oder ausgehängte Türen (Klinke abschrauben) und auf Böcke (Baumarkt) stellen.

3. Dekoration

Nehmen Sie einfarbige Stofftischdecken und Stoffservietten, möglichst in Weiß, wenn es festlich sein soll. Der Blumenschmuck sollte nicht zu ausladend sein, damit auf dem Tisch genügend Platz für die Gedecke bleibt. Kerzen in hübschen Leuchtern gehören dazu.

4. Sitzordnung

In Anbetracht des jugendlichen Alters der Konfirmanden sollten Sie die Tischordnung relativ zwanglos planen, also die jungen Leute nebeneinander gruppieren, die Eltern neben den

Paten, dann Großeltern und andere Verwandte. Die Tischkarten brauchen Sie mit nur den Vornamen zu beschriften, man ist ja innerhalb der Familie und daher ganz unter sich.

5. Die Festrede

Kein erhobener Zeigefinger, sondern Ermunterung zur Eigenständigkeit

Vielfach nehmen die Paten, aber auch die Eltern dieses Fest zum Anlaß, der Tochter oder dem Sohn zum Eintritt in einen neuen Lebensabschnitt einige Worte mit auf den Weg zu geben. Kein pädagogisch erhobener Zeigefinger ist hier gefragt, sondern Ermutigung. Ein liebevoller Rückblick auf Kinderzeit und Familienleben gehört ebenso dazu wie die Ermunterung, Talente und Begabungen zu nutzen und einen eigenen Weg zu finden.

Die Paten berichten, warum sie die Patenschaft übernommen haben, was sie mit den Eltern und dem Patenkind verbindet, geben vielleicht einige nette oder lustige Begebenheiten aus der Vergangenheit des Patenkindes zum besten und wünschen ihm alles Gute für die Zukunft.

6. Filmen und Fotografieren

Sorgen Sie dafür, daß Fotoapparat und Camcorder startbereit sind, damit Sie das Fest in „lebendiger Erinnerung" behalten können.

TIP

▶ Filmen in der Kirche wird von vielen Geistlichen als störend empfunden. Warten Sie deshalb bis zum Auszug der Konfirmanden aus der Kirche.

7. Das Outfit

Jeder Konfirmand hat seinen eigenen Stil. Der berühmte „Konfirmationsanzug" oder das „Konfirmationskleid" haben ausgedient. Ob die jungen Leute sich an diesem Tag von der Lieblingsjeans trennen können oder nicht, sollte kein Anlaß zu großen Diskussionen sein.
Lassen Sie Ihrem Sohn oder Ihrer Tochter genügend Spielraum bei der Entscheidung, bei der heute weniger die Vorstellungen der Eltern maßgebend sind als das, was „die anderen" aus der Konfirmandengruppe an diesem Tag tragen. Das Ergebnis ist in der Regel durchaus ansehnlich.
Dunkle Kostüme oder Anzüge sind nicht erforderlich. Gehobene „Straßenkleidung" ist angemessen.

8. Kosten

Eine ausführliche Zusammenstellung, an der Sie sich orientieren können, finden Sie im Kapitel „Kommunion" (Seite 106).

Nachfeier am Montag

Überall dort, wo es funktionierende Nachbarschaften gibt, erhalten die Konfirmanden oft auch von den Nachbarn und Bekannten Geschenke und Glückwünsche. Es besteht keine Verpflichtung, sich dafür mit einer Einladung zu bedanken, wird aber im Sinne einer guten Nachbarschaft vielfach so gehandhabt.
Bewährt haben sich Einladungen zu einem gemeinsamen Abendimbiß. Ein kaltes Büfett mit Salaten, belegten Schnittchen, einer süßen Nachspeise, Bier oder Wein, Wasser, Saft ist hier angemessen.
14 Tage nach dem Fest werden die Danksagungen für die Geschenke und Aufmerksamkeiten verschickt. Handgeschriebener Dank (kann auch vervielfältigt werden) ist mit mehr Arbeit verbunden, aber sehr viel persönlicher und angemessener als eine vorgedruckte Karte.

15

Muttertag – Fest mit Herz

Die Vorbereitung von Familienfesten ist – von Ausnahmen abgesehen – in der Regel Frauensache. Die mit jedem Fest verbundenen Mühen bleiben ihnen daher meist allein überlassen. Allerdings gibt es ein Fest, bei dem die gesamte Organisation von allen Familienmitgliedern übernommen wird, ja, die Hilfe der Mutter sogar ausdrücklich nicht erwünscht ist. Das ist der Muttertag.
Das Fest gelingt um so besser, wenn es während der Planung und Vorbereitung geheim bleibt. Dann sind Überraschung und Freude der Mutter um so größer.

Wann wird gefeiert?

So fängt der Tag gut an!

Muttertag ist am zweiten Sonntag im Mai. Was ist schöner, als diesen Sonntag mit einem festlich gestalteten Überraschungsfrühstück zu beginnen. Auch weniger Geübte sind mit der Organisation und Ausführung nicht überfordert. Die Küche wird bei der Vorbereitung nicht übermäßig strapaziert. Das Aufräumen nach dem Fest ist schnell erledigt. Die fleißigen Frühaufsteher können ungestört vorbereiten, während Mutter noch schläft. Das ausgedehnte Frühstück macht ein Mittagessen überflüssig.

Wer feiert?

Für die fleißigen Heinzelmännchen gilt die Faustregel: *„Je mehr Gäste, desto größer der Aufwand“.* Sie können also ganz gemütlich und ungezwungen nur mit Vater, Mutter und Kindern feiern; allerdings läßt sich der Kreis aber auch beliebig erweitern, beispielsweise durch Großmütter, die auch gern Muttertag feiern, oder durch jegliche Person aus Ihrem Bekanntenkreis, welche die gemütliche Vormittagsrunde bereichern soll.

TIP

▶ Muß ein Abholdienst für eingeladene Großeltern organisiert werden?

WIE WIRD GEFEIERT?

2 BIS 3 WOCHEN VOR DEM FEST

DIE PERFEKTE VORBEREITUNG MIT ZEITPLAN

Sie müssen Einladungen verteilen, sofern Gäste eingeplant sind. Die Aufgaben verteilen Sie wie folgt:

- Wer kauft ein?
- Wer deckt den Tisch?
- Wer sorgt für die Dekoration?
- Wer sorgt in der Küche dafür, daß alles klappt?
- Wer kauft oder bastelt Muttertagsgeschenke?

14 TAGE VOR DEM FEST

Nun können Sie eine Einkaufsliste aufstellen

1. Frühstück der Extraklasse

Zu einem guten Muttertagsfrühstück gehören die besten und besonders frischen Zutaten. Einen Hauch von Luxus zaubern Sie mit eßbarer Dekoration, wozu sich exotische Früchte, Karaffen mit frischen Fruchtsäften und knusprige Brötchen und Brot in vielen Variationen besonders gut eignen. Wer es mag, erweitert das Angebot an Belag. Außer Wurst, Käse und Süßem wie Marmelade und Honig ist auch Fisch, geräuchert oder mariniert, bei vielen Feinschmeckern beliebt. Vergessen Sie nicht, Butter, Milch und Quark zu besorgen – und eine Flasche Sekt, um den Frühstücksgenuß abzurunden. Für die Kinder bleibt es natürlich beim Saft.

2. Dekoration

NICHT VERGESSEN: KUCHEN ODER TORTE VORBESTELLEN!

Sie dürfen es sich ein bißchen leicht machen, was die Tischdecke angeht. Kaufen Sie Papiertischdecken (den Tisch vorher ausmessen!) mit passenden Servietten, am besten einfarbige. Eine weiße Decke paßt zu jedem Geschirr, sonst farblich auf das Frühstücksgeschirr abstimmen. Rote Farbtupfer sind an diesem Tag willkommen. Ob es nun rote Servietten sind oder rote Herzen im Blumengesteck, rot ist die Farbe des Muttertags. Sehr hübsch macht sich bei weißem Untergrund, wenn Sie aus roter Glanzfolie große Herzen als Platzdeckchen ausschneiden. Auch Papierherzen aus Wellpappe machen sich gut. Servietten nicht vergessen!

3. Muttertagsgeschenke

Hier können Sie sich auf Ihre jüngeren Kinder verlassen. Im Kindergarten und in der Schule entstehen meist hübsche Bilder, es werden Gedichte oder Lieder gelernt, und die Kleinen brennen darauf, am Muttertag damit eine Freude zu bereiten. Wenn bei Ihren größeren Kindern die Bastelfreude nachläßt, dann sollten Sie das akzeptieren. Die „Großen" helfen dafür oft mit Begeisterung und viel Geschick bei den Festvorbereitungen. Muttertagsgeschenke, die nichts kosten – außer etwas Mühe und Zeit –, sind beispielsweise Gutscheine für Rasenmähen, Geschirrspülmaschine ausräumen, Mülldienst oder einen Computerausdruck von Mutters Sammlung von Lieblingsrezepten, die nur aus fliegenden Blättern besteht.

SAMSTAG VOR MUTTERTAG

AN BLUMEN DENKEN!

Mit der Einkaufsliste machen Sie sich auf den Weg. In gutsortierten Supermärkten finden Sie alles, was Sie brauchen. Bestellte Kuchen abholen!

Blumen

Was wäre ein Muttertag ohne Blumen? Floristen bieten inzwischen mehr als nur Blumensträuße. Es gibt kunstvolle Gestecke und originell zusammengestellte Gebinde. Ob Sie frische Blumen bevorzugen, blühende Topfpflanzen oder Kreationen aus haltbaren Blumen, Gräsern oder Früchten, oft noch verziert mit Golddraht, Moos oder Figürchen, bleibt Ihnen allerding selbst überlassen.

MUTTERTAG

FRÜHES AUFSTEHEN SICHERT DEN FESTERFOLG!

- Da das Muttertagsfrühstück nicht auf die Minute genau fertig sein muß, müssen Sie sich keinem überflüssigem Zeitstreß aussetzen. Sollten Sie wenig Routine und Erfahrung haben, dann kalkulieren Sie beim Zeitplan recht großzügig.
- Bereiten Sie das Fest mit kleinen Kindern vor, dann müssen Sie selbst sehr viel machen und gleichzeitig darauf achten, daß die Kleinen beim Mithelfen alles schaffen. Mit größeren Kindern geht die Vorbereitung natürlich schneller.
- Kalkulieren Sie auf jeden Fall so, daß nach dem Duschen und Anziehen (bitte den kleinen Kindern nicht die leicht schmuddeligen Sachen vom Vortag anziehen, sondern fri-

sche!) noch mindestens eine Stunde Zeit ist, um alles perfekt vorzubereiten.

Mutters Zeitplan bis zum grossen Frühstück

Wetten, daß Mutter doch nicht mehr schläft, während in der Küche gearbeitet wird. Eine gute Gelegenheit, endlich ungestört im Badezimmer ausgiebig dem Badevergnügen in duftendem Schaum zu frönen oder mit einer Kräutermaske die strapazierte Haut zu verwöhnen.

Checkliste des perfekten Muttertagstischs

- Tischdecken und/oder Platzdeckchen auflegen
- Tassen, Gläser, Teller, Bestecke
- Servietten falten, auf die Teller legen
- Als Dekoration Herzen, herzförmige Luftballons und Blumen so drapieren, daß noch genug Platz für Kannen und Platten bleibt.

Der Kaffee ist fertig!

Jetzt können die Kinder die Mama (und die Gäste) an den gedeckten Tisch bitten.

Kinderüberraschung – und das noch vor dem Frühstück

Geben Sie den Kindern die Gelegenheit, nun die Geschenke zu überreichen, und vor allem den Jüngsten die Möglichkeit, das mit so viel Eifer eingeübte Gedicht oder Lied vorzutragen, denn darauf warten sie schon mit Ungeduld.

Nachschub

Reichen Kaffee oder Tee? Steht noch genug Brot auf dem Tisch? Ist die Aufschnittplatte leer? Sorgen Sie unauffällig für Nachschub. Am Ende des ausgedehnten Frühstücks steht das Glas Sekt als prickelnder Abschluß, für die Kinder natürlich in der Variation Fruchtsaft mit Sprudelwasser, damit es genauso schön perlt wie in den Gläsern der Erwachsenen.

Aufräumen – auch das gehört dazu

Das schönste Muttertagsfrühstück ist einmal vorbei. Alles muß wieder abgeräumt werden. Das Geschirr kommt in den Geschirrspüler oder wird abgewaschen. Reste werden säuberlich in Folie eingewickelt und kühlgestellt. Das Papiertischtuch hat wahrscheinlich reichlich Gebrauchsspuren und muß in den Mülleimer „entsorgt" werden. Blumen und Geschenke werden auf dem Tisch oder einer Kommode hübsch aufgestellt.

Die Muttertagstorte ist sicher groß genug, damit am Nachmittag alle noch ein Stück bekommen.

16

Polterabend: Scherben bringen Glück!

Was wäre eine Hochzeit ohne Polterabend? Fröhlich und ausgelassen scheppern die Gäste mit Tassen und Tellern, und so manches Überbleibsel aus dem Geschirrschrank wird glückbringend am Boden zertrümmert.

Wann ist Polterabend?

Polterabend ist traditionell am Vorabend der Hochzeit. Heute wird oft aber auch schon eine Woche vor der Hochzeit gepoltert.

Wann wird eingeladen?

Eingeladen wird 2 bis 4 Wochen vorher, mündlich oder schriftlich, natürlich auch per Fax oder E-Mail.

Tip

- Mit PC, farbigem Papier, passenden Motive aus der „Clipart-Gallery" und pfiffigen Schrifttypen lassen sich die schönsten Einladungen ausdrucken.

Muster

Einladung zum Polterabend
Am 2. April ... darf von 19.00 bis 00.00 Uhr
in der Heidestraße 12 in Unna kräftig gepoltert werden.
Dazu laden wir herzlich ein.
Ulrike Keller und Klaus Meier

PS: Nach alter Sitte bringen Scherben Glück,
doch bringt bitte nur Geschirr und keinen Bauschutt mit.

Wer wird eingeladen?

Vielfach werden zum Polterabend Freunde, Bekannte oder Nachbarn eingeladen, die an der Hochzeitsfeier nicht teilnehmen und bei dieser Vorfeier dem Paar Glück wünschen und auch schon Geschenke mitbringen.

Wo wird gepoltert?

Der Polterabend ist ein Fest ohne große Förmlichkeiten.

Oft wird zu Hause gepoltert, damit nicht noch zusätzliche Kosten für Raummiete und Bewirtung anfallen. Dann bitte die Nachbarn informieren und – wenn möglich – einladen, denn wer mitfeiert, hat nichts dagegen, daß es laut zugeht.
Günstig und preiswert sind auch Clubheime von Vereinen. Manche liegen etwas abseits, so daß dort recht ungestört gefeiert werden kann.

Die Platzfrage

Wer genügend Platz hat, kann für ausreichend Sitzgelegenheiten sorgen, aber der Polterabend kann auch als Stehparty stattfinden.

Das Outfit

Von der Straßenkleidung bis zum Disko-Look ist im Prinzip alles erlaubt.

Wie wird organisiert und vorbereitet?

Auch wenn das Brautpaar den Polterabend selbst organisiert, sind doch Helfer immer willkommen, seien es nun Geschwister oder der engere Freundeskreis. Im Vorfeld sollten Sie abklären:

- Wer besorgt die Getränke?
- Wer kauft ein und bereitet vor?
- Wer bestellt beim Partyservice?
- Wer übernimmt die Dekoration und Herrichtung des Festraumes?
- Wer sorgt für die Musik?
- Wer kümmert sich mit um das Wohl der Gäste?
- Wer hilft beim Aufräumen?

Vorbereitung

Die Zahl der Gäste läßt sich oft nicht genau eingrenzen, die Bewirtung soll unkompliziert und leicht vorzubereiten sein. Im Mittelpunkt steht die fröhliche Geselligkeit in ungezwungener Atmosphäre.

Essen und Trinken

Selbstbedienung ist sowohl beim Essen wie auch bei den Getränken angesagt. Auf einem großen Tisch läßt sich ein Büffet mit Spezialitäten herrichten, die schnell vorbereitet und problemlos verspeist werden können.

Wer es ländlich-deftig mag, serviert Brot, Brötchen aller Art, Brezeln und Laugenstangen, dazu luftgetrocknete Mettwürstchen, Salami, Leberwurst, Schmalz, Schüsseln mit pikantem Quark und „Obatzter", Gouda oder Emmentaler Käse am Stück zum Abschneiden, Soleier und saure Gurken.

Das Auge isst mit.

Rettich, Radieschen, Paprikaschoten, Selleriestangen und Tomaten sind nicht nur lecker, sondern auch ein Augenschmaus. Dazu schmeckt je nach Region Bier vom Faß oder ein kräftiger Schoppen Wein. Alkoholfreies von Cola bis Wasser gibt es für all diejenigen, die mit dem Auto gekommen sind.

Dekoration

Auch hier sollte der rustikale Stil eingehalten werden. Verwenden Sie karierte Papiertischtücher, Servietten und schlichtes Geschirr. Bäuerliche Sträuße, zur Jahreszeit passend, sind immer ein Blickfang.

Der Blumenschmuck muß nicht teuer sein: Hübsches wächst oft am Wegesrand oder im Garten. Im Frühling sind Vasen mit grünen Birken- oder Buchenzweigen, mit Weißdorn oder Schneeball sehr hübsch.

Im Sommer leuchten Kapuzinerkresse, Ringelblumen und Margeriten oder Vogelbeerzweige, außerdem gibt es Rosen in Hülle und Fülle.

Im Herbst können Sie dann mit Weinlaubgirlanden, Brombeerranken, Hagebuttenzweigen, Efeu, Kastanien und Kürbissen dekorieren.

Im Winter bieten sich hingegen grüne Variationen aus Tanne, Kiefer, Eukalyptus oder Mistel an.

Musik

Kein Polterabend ohne Musik. Wer zu Hause feiert, bringt den CD-Player auf Vordermann und sorgt für eine gute Auswahl an CDs. Hintergrundmusik und Tanzmusik müssen sein.

Nach dem Poltern – wohin mit den Scherben?

Der Polterabend ist kein Ersatz für Sperrmüll oder Bauschuttdeponie. Backsteine, alte Waschbecken oder Glas scheiden aus. Ausgediente Milchkännchen, Teller mit Sprung oder Tassen ohne Henkel sind hingegen ideales Poltergut.

Tip

- In manchen Kaufhäusern kann man Restbestände an Porzellan – oder auch Havarieware – speziell für Polterabende kaufen, meist zu einem günstigen Preis. Fragen Sie einfach nach.

Die Gäste scheppern, das Brautpaar fegt

So will es der Brauch. Deshalb Schaufel und Besen für beide bereithalten. Für die Scherben brauchen Sie außerdem große Behälter, in die das Brautpaar sein „Scherbenglück" schaufelt, während die Gäste sie anfeuern.

Ende offen?

Das Brautpaar bestimmt, wie lange gefeiert wird. Höfliche Gäste werden dann, auch wenn es noch so schön ist, das Feld räumen – vor allem, wenn am nächsten Tag die Hochzeit stattfindet.

17

Sektfrühstück – beschwingte Feier am Vormittag

Ein Sektfrühstück ist ebenso wie ein Empfang eine Veranstaltung für viele Festanlässe.
Geburtstage oder Hochzeitstage beginnen beschwingt mit einem Sektfrühstück. Wohnungseinweihungen lassen sich stilvoll mit einem Sektfrühstück verbinden. Auch ohne besonderen Anlaß ist die Einladung zu einem Sektfrühstück eine erfreuliche und gesellige Abwechslung.

Wer wird eingeladen?

Ein Sektfrühstück ist ähnlich wie ein Stehempfang eine günstige Gelegenheit, mehr Gäste einzuladen als – um es salopp auszudrücken – Plätze vorhanden sind. Die Anzahl der Gäste richtet sich danach, wie viele Sie gleichzeitig bequem unterbringen können.
Die Aufgaben der Gastgeber bestehen beim Sektfrühstück darin, die Gäste zu begrüßen, sie mit Getränken zu versorgen und miteinander bekannt zu machen sowie letztlich den Nachschub an kalten Platten zu organisieren.

Wann wird eingeladen?

Die Einladung erfolgt 2 Wochen vor dem Termin. Mit dem PC können Sie die Einladungen grafisch ansprechend gestalten. Mündliche Einladungen sind übrigens ebenfalls möglich.

Einladungsmuster

Am Sonntag, den........,
bitten wir Sie zu einem Sektfrühstück
zwischen 11 und 13 Uhr.
Name, Adresse, Telefonnummer

Wann findet ein Sektfrühstück statt?

Sektfrüh-stück – zwischen 10 und 14 Uhr.

Das Sektfrühstück ist eine zeitlich begrenzte Vormittagsveranstaltung in der Zeit zwischen 10.00 und 14.00 Uhr. Dieser Zeitrahmen sollte von den Gästen nach Möglichkeit eingehalten werden, das gilt insbesondere für das Ende der Veranstaltung.

Wo wird gefeiert?

Das Sektfrühstück findet in der Regel in den eigenen vier Wänden statt – d.h. in Wohnraum, Eßzimmer, Bibliothek oder Kaminzimmer; bei schönem Wetter werden Balkon, Terrasse oder Garten mit einbezogen.

Wie wird vorbereitet?

Das Sektfrühstück ist kein Frühstück mit Kraftmüsli, Marmeladenbrötchen und gekochtem Ei am großen Tisch, sondern vielmehr ein kleiner und spritziger Empfang am Vormittag mit Sekt, Saft und ausgewählten Häppchen.

Was gehört zum Sektfrühstück?

Es muss ja nicht nur Kaviar sein!

- Reichlich Sekt, gut gekühlt (wie der Name schon verrät)
- Mineralwasser, Obstsäfte, vorzugsweise frisch gepreßter Orangensaft
- Kleine, mundgerechte Häppchen – unter Umständen auch Sushi, Tacos, Tapas, Kanapees, Blinis mit Kaviar, kleine Blätterteighörnchen mit Käse- oder Schinkenfüllung.

Was muss bedacht werden?

Die Herstellung kleiner Häppchen macht mehr Arbeit, als Sie denken. So schaffen Sie es mit und ohne Hilfe:

- Bei einer großen Anzahl von Gästen lohnt es sich, beim Partyservice zu ordern. Bestellen Sie nicht zu knapp, gute Gespräche am Vormittag machen hungrig auf kleine Delikatessen.
- Fix und fertige Hits aus der eigenen Küche: Servieren Sie nur, was sich schon am Tag vorher vorbereiten, servierfertig auf Platten anrichten und kühlstellen läßt: Tapas in allen Variationen, Bruscetta oder rustikale Köstlichkeiten mit hauchdünnem Belag aus bestem Schinken, Käse und raffinierten Ei-Variationen.

Tip

▶ Keine Riesenbrote, sondern handliche Happen herrichten, die man im Stehen problemlos aus der Hand essen kann.

Was darf nicht fehlen?

- Sekt-, Saft- und Wassergläser in genügender Anzahl bereitstellen
- Teller (mindestens zwei pro Gast) und reichlich Papierservietten
- Papierdeckchen für die Servierplatten (dies ist insofern hilfreich, weil die Platten dann für den zweiten Durchgang nicht gespült zu werden brauchen)
- Servierplatten in genügender Anzahl, auf denen die Frühstückshappen angerichtet werden
- Vorlegebestecke für jede Platte
- Sitzgelegenheiten (soweit vorhanden) und Ablage für gebrauchtes Geschirr
- Servierwagen, Tablett oder großer Korb, damit das gebrauchte Geschirr schnell und unauffällig zwischendurch weggeräumt werden kann.

Wie wird serviert?

- Speisen: Selbstverständlich ist es stilvoller, wenn die Platten mit den kleinen Köstlichkeiten herumgereicht und angeboten werden. Das ist kein Problem, wenn die Gastgeberrolle auf mehrere Personen verteilt wird oder wenn man Hilfe zum Servieren oder Getränkeausschenken eingeplant hat. Single-Gastgeber dürfen soweit wie möglich auf Selbstbedienung setzen.

Tip

▶ Ideal ist die Anordnung von Platten und Geschirr in Büffetform.

- Getränke: Die Gastgeber bieten Sekt oder Champagner bereits fertig ausgeschenkt in Gläsern an.

Tip

▶ Sekt kann schon vor dem Eintreffen der Gäste entkorkt werden. Die Kohlensäure entweicht nicht. Wer mag, hängt einen silbernen Löffel in die Flasche, dann bleibt der Inhalt garantiert bis zum Ausschank perlig.

18

Silber- oder Goldhochzeit: Hochzeitstag der Extraklasse

25 oder 50 Jahre verheiratet zu sein – ein wahrer Grund zum Feiern!

Beginnen Sie mit der Vorbereitung schon mindestens ein halbes bis dreiviertel Jahr vorher, besser sogar noch früher. Bei der Entscheidung, wie die Feier gestaltet werden soll, haben Sie eine Reihe von Möglichkeiten:

- Sie nehmen das Jubiläum zum Anlaß für ein großes Fest, zu dem Verwandte, Freunde und Geschäftspartner eingeladen werden.
- Sie feiern, was vor allem auf dem Lande in intakten Dorfgemeinschaften noch üblich ist, mit Familie und Nachbarschaft, wozu oft das ganze Dorf gehört.
- Sie feiern klein, aber fein im engsten Familienkreis.
- Sie gönnen sich ein Luxus-Wochenende zu zweit.
- Sie verreisen und genießen den Hochzeitstag auf einer Berghütte, unter Palmen oder beim Einkaufsbummel auf der Fifth Avenue.
- Nur eins sollten Sie nicht tun: Den Tag ohne Feier verstreichen lassen.

Wer richtet das Fest aus?

Dies ist die Aufgabe des Jubelpaares. In manchen Fällen übernehmen auch die Kinder die Planung und Vorbereitung des Festes.

Wer feiert mit?

Die wichtigste Frage ist natürlich, wer an diesem Tag mitfeiern soll. Feste Regeln, wer unbedingt eingeladen werden muß, gibt es hier nicht. Sie können die Festgesellschaft bei der Silberhochzeit ähnlich zusammenstellen wie bei Ihrer Weißen Hochzeit. Doch können Sie das Fest auch mit der Familie, mit Freunden oder Bekannten aus Verein, Verband oder Beruf begehen. Die Goldhochzeit findet allerdings meist im Familien- und Freundeskreis statt.

Tip

- Wichtig ist für die Festplanung, daß Sie eine Gästeliste aufstellen.

Wo soll gefeiert werden?

Sobald Sie Größe und Zusammensetzung der Festgesellschaft geklärt haben, müssen Sie überlegen, wo gefeiert werden soll. Dies ist nicht zuletzt eine Kostenfrage.

- Die Feier im häuslichen Umfeld ist geeignet, wenn das Fest einen familiären oder nachbarschaftlichen Charakter haben soll und das Haus bequem alle Gäste aufnehmen kann.
- Für größere Gästezahlen empfiehlt sich immer die Reservierung entsprechender Räumlichkeiten außer Haus, sei es ein Festsaal im Gemeinde- oder Bürgerhaus, in einem Hotel oder Restaurant.

Wann wird gefeiert?

Die Feier soll sich möglichst eng an das Datum des Hochzeitstages anschließen. Im Zeichen allgemeiner Berufstätigkeit wird die Feier meist auf ein dem Kalenderdatum folgendes Wochenende verlegt.

Wie wird gefeiert?

Wie Sie feiern, hängt von Ihren Wünschen, Vorstellungen und von der Anzahl der Gäste ab.

Variante 1: Morgens Geschäftsfreunde, abends die Familie

Zu einem Empfang werden Geschäftsfreunde, Kollegen und Bekannte eingeladen. Eine Feier mit Essen und Festprogramm

(Tanz, Vorführungen) bleibt dem engsten Familien- und Freundeskreis vorbehalten.

Variante 2: Ein Fest für alle

Motto: Jeder ist eingeladen, der etwas zum Fest beisteuert.

Eine schöne alten Sitte besteht im ländlichen Raum; hier stellt das Silberpaar die geeigneten Räumlichkeiten zur Verfügung und sorgt für Getränke und Musik. Im Gegenzug sorgen die Gäste für die Unterhaltung, aber auch für ein selbstgemachtes üppiges Büfett, das immer wieder nachgefüllt wird, so daß man problemlos eine große Festgesellschaft bewirten kann.

Diese Form der Nachbarschaftsgemeinschaft ist in mehrfacher Hinsicht erfreulich: Sind doch auf diese Weise Feste mit hundert oder mehr Gästen erschwinglich, denn sowohl die Arbeit der Festvorbereitung wie auch die Kosten verteilen sich auf viele.

Variante 3: Der Tag gehört der Familie

Feiern Sie mit der Familie. Ein gemeinsamer Ausflug zu kulturellen oder landschaftlichen Sehenswürdigkeiten mit Restaurantbesuch, ein Gartenfest für Groß und Klein oder ein festliches Essen können diesen Tag unvergeßlich machen.

Vorbereitung

Wenn Sie sich entschieden haben, welche Art der Feier Sie bevorzugen, geht es an die Vorbereitungen.

1. Einladungen

Einladungen drucken lassen oder mit dem PC selbst ausdrucken. Dabei beispielsweise ein Foto der Weißen Hochzeit einscannen. Zu- und Absagen werden auf der Gästeliste vermerkt.

2. Reservierungen

- Reservieren Sie Hotelzimmer, wenn Sie Übernachtungsgäste erwarten.
- Besichtigen Sie geeignete Festräume. Erfragen Sie die Mietbedingungen und den Mietpreis.
- Feiern im Zelt: Festzeltvermieter finden Sie im Branchenverzeichnis. Auch das Rote Kreuz, Johanniter und andere

Wohlfahrtsverbände vermieten Zelte; dabei übernehmen sie oft auch den Auf- und Abbau.

TIP

▶ Museen oder Heimatvereine bieten Räumlichkeiten zum Feiern an: Restaurierte Backhäuser, Lokschuppen, Rittersäle oder Bauernstuben können mit und ohne Service gemietet werden.

3. Restaurantwahl

Achten Sie bei der Auswahl eines geeigneten Restaurants auf folgende Faktoren:

- Lage, Ambiente
- Passende, dem Anlaß und der Gästezahl angemessene Räumlichkeiten
- Anordnung der Tische im Raum: Sind Hufeisenform, lange Tafel oder runde Tische besser geeignet?
- Service: ausreichend Personal, schnelle und aufmerksame Bedienung
- Küche: keine langen Wartezeiten, appetitlich angerichtete und gut zubereitete Speisen
- Bitten Sie um geeignete Vorschläge für das Menü: Anzahl der Gänge, passende Getränke

- Sonderwünsche: für einen guten Küchenchef ist es kein Problem, Sonderwünsche (Allergiker, Diabetiker und Vegetarier) bei der Menüzusammenstellung zu berücksichtigen
- Werfen Sie bei der Restaurantbesichtigung auch mal einen Blick in die Sanitärräume.

4. Tischdekoration

Besprechen Sie auch die Tischdekoration. Lassen Sie sich Vorschläge unterbreiten und Muster für Menükarten zeigen. Die Dekoration soll den Festanlaß wirkungsvoll unterstreichen.
Silber oder Gold und Weiß können die dominierenden Farbakzente sein für eine Tischdekoration zur Silber- oder Goldhochzeit, angefangen vom Porzellan, Besteck, Servietten, Kerzen bis zu den Tischkarten und Menükarten. Der Blumenschmuck sorgt für Farbtupfer. Achten Sie bei der Farbauswahl der Blumen auf die harmonische Abstimmung mit den Farben Ihres Outfits.

5. Sitzordnung festlegen

Faustregel: „Je familiärer das Fest, desto lockerer die Sitzordnung."

Bei der Sitzordnung sollte darauf geachtet werden, daß das Silber- oder Goldpaar den Ehrenplatz erhält. Um das „Jubelpaar" gruppieren sich dann die übrigen Gäste in der Rangfolge, wie im Abschnitt „Wer sitzt wo?" (Seite 22) beschrieben wurde.

- **Tischkarten beschriften**

Bei offiziellen Veranstaltungen enthält die Tischkarte Vor- und Zunamen (beides sollte richtig geschrieben sein). Auf der Tischkarte erscheinen außerdem keine akademischen Titel! Bei Familienfesten reicht es, wenn die Tischkarten die Vornamen der anwesenden Gäste enthalten.

6. Unterhaltungsteil planen

- **Live-Musik**

Musik wird oft als schön empfunden, obwohl sie mit Geräusch verbunden.

Vom Solisten bis zur Bigband – Ihre Musikwünsche für diesen Tag lassen sich live erfüllen. Musiker finden Sie im Branchenverzeichnis, über Zeitungsanzeigen, Musikschulen und Musikhochschulen. Achtung bei ausgefallenen Musikwünschen: Erkundigen Sie sich, ob das Notenmaterial vorhanden ist. Auch die Honorarfrage sollten Sie im Vorfeld klären.

■ **Tanzmusik**
Bei der Auswahl der bevorzugten Tanzmusik sollten Sie auch die zum Teil altersbedingten Vorlieben der Gäste beachten. Selbst wenn Ihre Nichte Star einer Rapgruppe ist, sollten Sie diese nicht den ganzen Abend auftreten lassen, wenn der Altersdurchschnitt der Gäste deutlich jenseits der Dreißig liegt.

■ **Entertainment**
In vielen Zeitungen bieten Alleinunterhalter, Zauberer und Entertainer ihre Künste an. Sehr oft brauchen aber auch nur Freunde oder Verwandte einen Wink, um ungeahnte Unterhaltungstalente zu entfalten. Fragen Sie gezielt nach.

7. Festreden

Zum Thema „Festrede" ist in diesem Buch schon viel gesagt worden (siehe Seite 37). Daher wollen wir nur ganz kurz einige wichtige Anmerkungen wiederholen:

- Die Gastgeber sollten sich vorbereiten, selbst einige nette Worte an die Gäste zu richten, zum Beispiel vor Beginn des gemeinsamen Essens oder zum Abschluß des Festes.
- Dauer und Inhalt einer Rede lassen sich am besten mit den Adjektiven „kurz" und „knapp" kennzeichen. Wichtig ist, daß der Redner einige humorvolle Anekdoten einstreut, die das Jubelpaar dieser Gold- und Silberhochzeit in ein positives Licht rücken.

Tip

▶ Nur die Sonnenseiten des Lebens erwähnen!

8. Fotos oder Videos

Professionelle Fotografen, die die Festgesellschaft ablichten sollen, müssen rechtzeitig bestellt werden. Oder bitten Sie videobegeisterte Familienmitglieder darum, die Feier in Bild und Ton zu dokumentieren.

9. Medien

Mitteilungen an die örtliche Presse oder Anzeigen zum Jubelfest werden eine Woche vor dem Fest aufgegeben.

10. Kostenfrage

Sie wissen, wie viele Gäste zu erwarten sind, und haben Angebote von Restaurants, Musikern, Hotels oder Catering-Unternehmen eingeholt.

Überschlagen Sie die gesamten Kosten. Beziehen Sie Sonderausgaben für Kleidung, Dekoration, Musik, Entertainment sowie andere Nebenausgaben (Druck von Einladungskarten, Tischkarten, Menükarten, Anzeigen oder Fotografenhonorar) in die Rechnung mit ein.

Übernachtungskosten im Hotel werden von großzügigen Gastgebern oft als Teil der Einladung übernommen. Es ist aber kein Stilbruch, wenn Sie die Gäste bitten, die Übernachtung selbst zu bezahlen. Ein entsprechender Hinweis sollte dann aber schon in der Einladung erscheinen.

Outfit – der kritische Blick in den Kleiderschrank

Im Mittelpunkt steht immer die Braut.

Wie an ihrem ersten Hochzeitstag gibt auch bei der Silberhochzeit die Braut die Kleiderordnung vor. Sollten Sie zu den Frauen gehören, die ihr Brautkleid aufgehoben haben, dann ist es besonders stilvoll, es an diesem Tag wieder zu tragen. Entsprechend kleidet sich auch der Bräutigam. Auch von den Gästen wird dann passende festliche Kleidung erwartet. Bei der Goldhochzeit ist es im Prinzip ähnlich. Als Richtlinien für die Festgarderobe gelten allgemein:

- Cocktailkleid, Kleines Schwarzes und dunkler Anzug passen für die Feier im Sterne-Restaurant
- Trachten (bitte nur in Bayern oder Österreich) oder Outdoor-Fashion (Loden, Tweed) eignen sich bei Zeltfesten oder Feiern im ländlichen Gasthof.

Geschenke – Vorüberlegungen für Gastgeber und Gäste

Natürlich gibt es im Vorfeld des Festes immer wieder Fragen nach den Geschenkwünschen des Jubelpaares. Sie sollten sich deshalb selbst vorher Gedanken machen: Was wünschen wir uns? Oder geht es uns so gut, daß wir auf persönliche Geschenke verzichten möchten.

Spenden statt schenken

Immer mehr Menschen bitten anstelle von Geschenken um Spenden für gemeinnützige Zwecke. Auch dies sollte schon auf der Einladung vermerkt werden. Diese Spende wird entweder am Festtag – natürlich im neutralen Umschlag – überreicht oder direkt auf ein Spendenkonto überwiesen. Dann empfiehlt es sich, mit einer Gratulationskarte die Gastgeber darüber zu informieren, daß dieser Wunsch erfüllt wurde. Beträge werden dabei nicht genannt.

Geschenke – Erinnerungen an einen einmaligen Tag

Geschenke zur Silber- oder Goldhochzeit sollen eine bleibende Erinnerung an diesen Tag darstellen. Vielfach beschließen die Eingeladenen, gemeinsam ein größeres Geschenk zu kaufen. Hierunter fallen beispielsweise Kunstdrucke in geschmackvollen Rahmen, schönes Porzellan oder Glas mit Sammlerwert, Bildbände über Kunst und Reisen, während sich für Gartenfreunde vor allem Pflanzen in besonders schönen Gefäßen oder Kübeln anbieten. Beliebt sind auch Gutscheine für Reisen, Musical oder Konzerte.

Festzeitungen

Die Festzeitung zum Festanlaß wird von Freunden oder Verwandten zusammengestellt. Sie enthält Fotos des Silberpaares aus den zurückliegenden 25 oder 50 Jahren. Besondere Ereignisse, wie etwa die Geburt von Kindern, Feste, berufliche Erfolge und Reisen, werden mit passenden Bildern und lustigen Texten kommentiert.

Danksagungen

2 bis 3 Wochen nach dem gelungenen Fest werden die Danksagungen an alle verschickt, die gratuliert oder etwas geschenkt haben.

Handgeschriebene Danksagungen sind besonders stilvoll. Gedruckter Dank ist vorzuziehen, wenn der Kreis der Adressaten sehr groß ist.

19

Silvester: Schwungvoller Rutsch ins Neue Jahr

Wann wird geplant?

Planung und Vorbereitung von langer Hand

Für das Jahr 2000 melden weltweit Hotels in Touristenzentren und attraktiven Großstädten wie New York, London oder Hongkong schon jetzt „volles Haus". Aber auch für Silvesterfeiern in anderen Jahren gilt: Reservierungen für Silvesterveranstaltungen können nie früh genug vorgenomen werden. Deshalb sollten Sie für alle Feiern außer Haus bereits einige Monate im voraus reservieren!

Wann wird gefeiert?

Silvester ist ein Fest der langen Nacht. Sie können den Beginn der Feier deshalb später als sonst üblich ansetzen. Das Festende kann sich bis in die Morgendämmerung des ersten Tages im neuen Jahr hinziehen.

Wann wird einladen?

6 bis 8 Wochen vor Silvester werden die Einladungen mündlich oder schriftlich (Fax, E-Mail, Karte) verteilt. Neben den üblichen Angaben (Anlaß, Ort, Zeit) können Sie noch Hinweise wie erwünschte Festbeiträge, Kleiderordnung oder Übernachtungsmöglichkeiten geben.

Wer wird geladen?

Geschlossene Gesellschaft oder Haus der offenen Tür?

Silvester ist ein fröhliches Fest und ideal, um mit Freunden, Bekannten oder Nachbarn ungezwungen zu feiern. Dabei läßt sich der Kreis der Gäste nicht immer ganz eingrenzen, denn die Gäste bringen schon einmal „Anhang" mit, der zwar nicht vorgesehen war, aber hoffentlich zur Bereicherung des Festes beiträgt.

Wo wird gefeiert?

Für lebhafte Silvesterpartys eignen sich am besten Räumlichkeiten, die auch stärkerer Beanspruchung gewachsen sind. Dazu gehören natürlich Partyräume und Partykeller. Die gute Stube mit der Porzellanvitrine ist nur geeignet, wenn das Fest in etwas gesetzterem Rahmen stattfinden soll.

Ortswechsel gefällig?

- Schiffe an Fluß und Küste bieten Silvesterfahrten mit Unterhaltung und Verpflegung für eine lange Nacht.
- Rustikal: Mieten Sie ein geeignetes Ferienhaus oder eine Blockhütte für Ihr Fest. Romantisch und stimmungsvoll sind Silvesterpartys vor verschneiter Gebirgskulisse oder am winterlichen Meer.
- Durchtanzte Nacht mit Speis und Trank und Katerfrühstück am nächsten Morgen bieten manche Mehr-Sterne-Hotels, vor allem in Großstädten.
- Klassik, Pop und Kneipe: Treffen Sie sich mit Freunden und Bekannten zum gemeinsamen Besuch von Theater, Oper, Musical oder Varieté. Danach feiern Sie in der Disko, in der Kneipe oder auch zu Hause bis zum nächsten Morgen.

Wie wird gefeiert?

Stellen Sie aus unseren Supertips für die Silvesterfeier zu Hause Ihr Programm zusammen!

Unterhaltung, Spass und gute Laune

- **Gesellschaftsspiele**

Es muss nicht immer eine Disko-Party sein.

Tisch-Rollenspiele, die in letzter Zeit immer mehr Anhänger finden, sind eine gelungene Mischung aus Würfelspiel und Stegreif-Theater.

Monopoly ist nach wie vor ein Renner für alle, die noch an Silvester hemmungslos – mit Papiergeld – reich werden wollen.

Roulette läßt sich auch am Spieltisch zu Hause mit Spielcasino-Atmosphäre gestalten, wenn die Gäste das Spiel mit entsprechendem Outfit und Verhalten „stilecht" mitspielen.

- **Kreatives Feuerwerk: Gäste gestalten das Programm**

Bitten Sie Ihre Gäste, aus ihrem Beruf oder Hobby etwas mitzubringen, vorzuführen oder unterhaltsam zu erklären. Ingenieure als talentierte Saxophonisten, Chemiker mit Sinn für knallige Effekte, Börsenmaklerinnen, die verblüffend gut Kaninchen aus dem Hut zaubern, oder Buchhändlerinnen, die Tango tanzen. Ihre Freunde und Bekannten werden Sie mit ungeahnten Talenten verblüffen.

TIP

▶ Schon bei der Einladung die Gäste um Programmbeiträge bitten, damit sich alle perfekt vorbereiten können.

■ **Alle Jahre wieder: *Dinner for one***

„The same procedure as last year, Miss Sophie?"

„Dinner for one" sollte man sich unbedingt ansehen, weil es so schön ist. Der englische Evergreen-Sketch (der nur in Deutschland zum Kult-Objekt avancierte und witzigerweise in England völlig unbekannt ist) läuft am Silvesterabend in vielen Programmen zu verschiedenen Zeiten. Ganz Schlaue besitzen die Videokassette – und wissen genau *„The same procedure as every year, James!"*

■ **Musik**

Bei Silvesterpartys ist Diskomusik von schrill bis schräg erlaubt. (Wer's mag, koppelt mit Lichteffekten.) Für die Hintergrundmusik bieten sich Pop, Jazz, Ethnopop, Salsa und natürlich die guten alten deutschen Schlager an – seit Guildo Horn und den „Ärzten" darf man sogar wieder ungestraft lauthals Lieder von Udo Jürgens und Gitte singen.

DEKORATION

Luftschlangen, Glücksschweinchen, Glücksklee, Knallbonbons, Wunderkerzen, Luftballons: Bunt soll die Dekoration sein und lustig. Scherzartikel – in Spielwarengeschäften oder Fachgeschäften für Dekorationsartikel – sorgen für zusätzliche Effekte, sind aber meist nicht für zartbesaitete Gäste geeignet. Wählen Sie am besten Tischtücher und Servietten aus Papier, kräftige Farben passen hier sehr gut. Da im Partygedränge schon mal ein Teller oder ein Glas zu Bruch gehen können, sollten Sie leicht ersetzbares Geschirr und nicht zu teure Gläser verwenden.

Mitternachtsbräuche

Aufmerksame Gastgeber wissen es: Um Mitternacht wird mit Sekt angestoßen. Deshalb einige Minuten vor Mitternacht Sektflaschen öffnen und in Gläser füllen.

So öffnen Sie die Sektflasche: Der Korken muß nicht knallen, denn dann schäumt es meist aus der Flasche heraus. Öffnen Sie vorsichtig den Drahtverschluß der Sektflasche (erst das Stanniol entfernen), und drehen Sie dann den Korken langsam (!) heraus. Der Sekt zischt nur heraus, wenn der Druck in der Flasche zu schnell entweichen kann. Die Gläser müssen griffbereit stehen, damit Sie sofort einschenken können.

Auch die Kinder sollten Sie nicht vergessen: Das „Schlückchen Sekt" für die Größeren ist an diesem Abend erlaubt. Aber dem Nachwuchs ist meist Limonade oder Cola lieber. Damit macht das Anstoßen genausoviel Spaß.

Prost Neujahr!

Punkt Mitternacht erheben dann alle das Glas: Prost Neujahr! Danach stößt jeder mit jedem an.

Es darf geküsst werden

Temperamentvolle Festgäste umarmen und küssen auch dabei alle Anwesenden. Das ist an Silvester erlaubt, aber Sie dürfen es auch beim zurückhaltenden Zuprosten und Glück wünschen belassen.

Feuerwerk – ja oder nein?

Nach alter Tradition muß das Neue Jahr mit viel Getöse und Feuerzauber begrüßt werden, um böse Geister zu vertreiben. Der ganze Spaß mag zwar teuer und überflüssig sein, aber schön ist es alle Jahre wieder.

Der Blick in die Zukunft: Bleigiessen nach Mitternacht

Auch ein Spiel mit Feuer und Wärme: Bleigießen. Mit ein wenig Phantasie lassen sich aus den bizarren Formen des geschmolzenen Bleis glückverheißende Deutungen für das neue Jahr herauslesen.

20

Sommerfest – Feiern wie im Süden

In unserem wechselhaften Klima ist der Sommer oft Glückssache. Sind die langersehnten warmen Tage endlich da, ist das immer ein Grund zum Feiern. Geburtstage im Sommer werden oft als Gartenfeste oder Grillpartys gefeiert. Sogar Hochzeiten haben im Vertrauen auf einen sonnigen Tag schon als Sommerfest stattgefunden – mit viel Glück und strahlendem Wetter. Auch ein Empfang oder ein zwangloses Treffen kann kurzfristig und wetterabhängig in einen schönen Garten oder auf eine großzügige Terrasse verlegt werden.

Wann wird gefeiert?

Private Sommerfeste werden meist kurzfristig, weil wetterabhängig, geplant. Ebenso kurzfristig wird meist telefonisch eingeladen.

Wo wird gefeiert?

Ein richtiges Sommerfest findet immer im Freien statt.

Die schönsten privaten Sommerfeste lassen sich im Garten, in Gartenlauben, auf der Terrasse oder in Grillhütten feiern. Wer keinen Garten hat, trifft sich am Flußufer, am See oder anderen hübsch gelegenen Picknickplätzen in freier Natur. Ist der Nachwuchs dabei, sind Treffpunkte mit Spielplatz empfehlenswert.

Wie wird gefeiert?

Für alle Sommerfeste gilt, daß eine pfiffige Dekoration für gute Stimmung sorgt.

- Sitzgelegenheiten in ausreichender Menge, Tische oder Stehtische bereitstellen
- Kissen, Tischtücher und Servietten mit provençalischem Muster oder leuchtenden Streifen erinnern an den Süden

- Die sommerliche Vielfalt bei der Tischdekoration mit Blumen, Kräutersträußen, Obstpyramiden und buntem Geschirr ist grenzenlos
- Kerzen, Windlichter, Fackeln, Lampions und andere Formen der Gartenbeleuchtung verschönern die Nacht.

Tip

▶ Einfache Windlichter improvisieren Sie, indem Sie Teelichter in große Marmeladengläser stellen.

Festvorschläge

1. Sommerliches Grillvergnügen im Handumdrehen vorbereitet

Kaum ein Mann kann dem Vergnügen widerstehen, ein Grillfeuer zu entzünden und die Glut fachmännisch zu überwachen; eingehüllt in eine Wolke von Rauch und Grillduft kann er dann genußvoll Spießchen oder Würstchen umdrehen und die kroß gebratenen Ergebnisse an seine Gäste verteilen.

Zugegeben, es geht nicht immer ganz so reibungslos, aber der große Vorteile eines Grillfestes liegt eindeutig darin, daß dies eine Festform ist, bei der viele Männer zu gastgeberischer Hochform auflaufen. Da sollten die mitfeiernden Frauen den lauen Abend und die Grillrippchen genießen, denn das gibt es nicht alle Tage.

Außerdem ist die Vorbereitung denkbar einfach. Sie brauchen nur einen leistungsstarken Grill (ggf. einen Elektrogrill), reichlich Grillkohle, Anzünder, Grillfleisch (jeder Metzger berät Sie gerne), Salat, Tomaten, Radieschen, Gurken, frische Kräuter, Baguette, Laugenbrezeln und jede Menge Knoblauchbutter oder Grillsoßen (letztere meist als Fertigprodukte). Dazu gehören reichlich kühle Getränke von Mineralwasser bis zum Bier, vorzugsweise vom Faß, oder Landwein.

In der Regel wird das Grillfest rustikal dekoriert – karierte Servietten und Tischtücher, Feldblumensträuße oder Bündel aus Eisrettich, Radieschen oder Strauchtomaten.

TIP

- Getränke lassen sich zur Not mit viel kaltem Wasser in der Badewanne kühlen.

2. Nördliches Sommernachtsfest: Geselligkeit nach Art der Wikinger

Ein skandinavisches Sommerfest ist schlicht und raffiniert zugleich – und ebenso leicht sind die Zutaten zu besorgen: Sie brauchen eine helle Sommernacht (mitunter das größte Problem!), gutgelaunte Gäste, eiskaltes Bier, einen noch kälteren klaren Schnaps, viele Servietten – und pro Gast mindestens 6 bis 12 echte rotgekochte Flußkrebse, die mit reichlich Dill angerichtet und lauwarm serviert werden.

Die Schalentiere werden nun geduldig mit der Hand, hilfsweise einem Nußknacker, geöffnet, geschält und mehr oder weniger geräuschvoll verspeist. Es ist ein geselliges Vergnügen, bei dem der klare Schnaps dafür sorgt, daß der Magen die hochwertige Eiweißkost gut verdaut und die Stimmung bis Mitternacht steigt. Es darf dazu gesungen werden – nicht nur auf Schwedisch.

Was tun, wenn das Fest ins Wasser fällt?

Das plötzliche Gewitter, der unerwartete Regenschauer – sie lassen ein Fest buchstäblich ins Wasser fallen.
Sorgen Sie vor. Wer über ein Gartenhäuschen oder eine Laube verfügt, kann unbesorgt sein – sofern diese aufgeräumt sind. Hilfreich sind auch Pavillons aus Stoff oder Planen über der Pergola. Sie müssen aber schon vor dem Fest vorbereitet werden. Das kann vor allem nützlich sein, wenn gegrillt wird. Ein fertiges Büffet läßt sich drinnen wie draußen gleichermaßen gut verzehren. Ein Grill dagegen muß draußen bleiben – und zur Not unter einer schützenden Plane weiterbetrieben werden.

21

Taufe – das erste Fest für kleine Erdenbürger

Früher, als es noch keine Standesämter gab, war die Taufe in der Kirche der erste beurkundete Nachweis eines neuen Erdenbürgers. Spätestens einen Tag nach der Geburt wurden die Kleinen getauft. Mit der Namenssuche trieben die Eltern nicht viel Aufwand. Sie schauten in den Heiligenkalender und nannten das Kind nach den Heiligen am Tag der Geburt oder der Taufe. So sicherten sie dem Kind zusätzlich den ganz besonderen Schutz des Namenspatrons oder der Namenspatronin. Heute werden Namen nach anderen Gesichtspunkten ausgesucht. Sie sollen zum Kind passen, den Eltern gefallen, gut klingen und etwas Besonderes sein.

Wann lasse ich mein Kind taufen?

Für die Taufe gibt es keine „Altersgrenze“. Sie können Ihren Nachwuchs möglichst bald nach der Geburt taufen lassen, können aber auch warten, bis das Kind auf seinen eigenen kleinen Füßen den Weg zum Taufbecken laufen kann. Viele Eltern sind der Ansicht, daß ein Kind von zwei oder drei Jahren schon ein wenig mehr von dem versteht, was die Taufe bedeutet, und deshalb die Zeremonie bewußter miterlebt.

Taufgeschenke

Nicht jeder wird mit dem goldenen Löffel im Mund geboren …

Einem netten Brauch zufolge schenken die Paten dem Täufling einen kleinen, meist silbernen Löffel oder ein Kinderbesteck, mit dem das Kind dann ißt, wenn es die Flaschenzeit hinter sich gelassen hat.

Wer wird eingeladen?

Der Tauftermin liegt fest. Dann wird es Zeit für die Einladungen. Stellen Sie die Gästeliste zusammen. Eine Taufe kann ein Familienfest im kleinen Kreis sein. Es darf aber auch als ein größeres gesellschaftliches Ereignis geplant sein, bei dem Sie Freunde, Bekannte oder Geschäftspartner an Ihrem privaten Glück teilnehmen lassen. Schriftliche Einladungen sind dann erforderlich, wenn Sie in größerem Rahmen feiern wollen.

Tip

▶ Überlegen Sie, wie viele Kinder unter den Gästen sein werden.

Wie soll gefeiert werden?

Hauptpersonen am Tag der Taufe sind Mutter und Kind. Nach ihren Bedürfnissen sollten Sie das Fest ausrichten. Es hängt auch davon ab, ob die Taufe morgens im Gottesdienst gehalten wird oder zu einer anderen Tageszeit. Auf jeden Fall sollte sich die Mutter mit dem Kind als Mittelpunkt des Geschehens an diesem Tag um nichts kümmern müssen. Deshalb sollten Sie sich im Zweifelsfall lieber für eine kleinere Feier entscheiden, die besser organisiert werden kann, als für eine große mit viel Aufwand im Vorfeld.
Bedenken Sie: Kleine Babys haben einen anderen Rhythmus als Erwachsene. Ein festliches Essen im Restaurant ist eine wunderbare Sache, aber wenn das Kleine weint, dann läßt die Mutter auch die beste Suppe kalt werden, vom Rest des Menüs ganz zu schweigen. Wir empfehlen in diesem Fall „pflegeleichte“ Feiern, die auch mit einer größeren Kinderschar (Geschwister, Gästekinder) gut gemanagt werden können.

Tip

▶ Vermeiden Sie Streß für Mutter und Kind!

Wo wird gefeiert?

Feiern Sie kinderfreundlich und ungestört!

Für alle, die nicht in einem Restaurant feiern wollen, gibt es eine interessante Alternative. Viele Kirchen, aber auch Städte, Gemeinden oder Sportvereine verfügen über geeignete Räume für Festlichkeiten aller Art. Gegen eine verhältnismäßig geringe Gebühr können Sie einen solchen Raum mieten. Oft ist in der Miete auch die Benutzung von Geschirr eingeschlossen, seltener jedoch auch die Kosten für die Raumreinigung. Ein solcher Raum sollte von Ihrer Wohnung gut erreichbar, kinderfreundlich (mit Wickelmöglichkeit) sein und eine Küchenecke besitzen (Kühlschrank, Spüle und Kaffeemaschine). Eine Ablage für die Garderobe sollte ebenfalls vorhanden sein.

Bewirtung der Gäste

Unkompliziert und zwangloses Feiern mit Kindern ist mit einem Büfett am leichtesten zu verwirklichen.

■ **Catering mit Fullservice**

Sie bestellen ein Büfett mit kalten und warmen Speisen sowie den passenden Getränken und lassen es zur Tauffeier in den von Ihnen gemieteten Raum anliefern. Die Catering-Firma sorgt dafür, daß die Tische gedeckt werden und Servicepersonal während der Feier zur Verfügung steht. Der Vorteil besteht darin, daß der Service fast wie im Restaurant ist, die Atmosphäre jedoch wesentlich ungezwungener.

■ **Reines Catering**

Sie lassen nur die Speisen anliefern, sorgen aber selbst für die Ausstattung des Raumes und für Getränke. Diese Variante ist natürlich viel preisgünstiger als die erste. Der Nachteil ist nur, daß die Gastgeber vor und während der Feier stärker zupacken müssen.

Tip

▶ Die Portionen der Catering-Firmen sind meist großzügig bemessen: Für kleinere Kinder können Sie deshalb durchaus „halbe“ Portionen einrechnen.

22

Themenfeste: Jedes Fest ein unverwechselbares Erlebnis oder: Titanic-Feier mit Happy-end

Jedes Fest, sei es ein Geburtstag, eine Party oder eine Abendeinladung, gewinnt eine besondere Note, wenn es unter einem bestimmten Thema steht. Das Fest wird dadurch zu einem Gesamterlebnis, bei dem alles zusammenpaßt – Stimmung, Outfit, Dekoration, Musik und Essen.

„Beam me up, Scotty"

Der Themenauswahl sind keine Grenzen gesetzt: Argentinische Tangonacht, Monster- oder Fünfziger-Jahre-Party und natürlich ein Fest zum Thema „Titanic".

Titanic-Fest – Das Fest zum Film

Auf das „Wie" kommt es an!

- Die Einladungen sollten bereits vier Wochen vor dem Event verschickt werden. Schon mit der Einladung setzen Sie Maßstäbe. Falls sie beispielsweise aufwendig ausgestattet ist (z.B. mit Luxusdampfer-Motiven) und auf feinstem Büttenkarton gedruckt wurde, erwecken Sie bei Ihren Gäste Neugierde auf einen außergewöhnlichen Abend.

Muster

... freuen sich,
Herrn/Frau ...
am ... um ...
zum „Dinner auf der Titanic" einzuladen.
Abendgarderobe erwünscht
U.A.w.g.
Adresse

Vorbereitung

Bei dem Titanic-Fest handelt es sich um ein „gesetztes Abendessen" mit anschließendem Unterhaltungsteil.

Ausstattung

- Auch wenn nichts davon spülmaschinenfest ist – zu einem solchen Event gehören das feinste Geschirr, die besten Gläser und Silberbesteck.
- Tischwäsche und Servietten sind aus weißem oder cremefarbenem Damast.
- Kerzenleuchter aus Silber oder Messing sorgen für stilvolle Beleuchtung auf dem Tisch und im ganzen Raum (die übrige Zimmerbeleuchtung ist gedimmert).
- Blumenschmuck vom kreativsten Blumengeschäft der Stadt, ausgefallen maritim.
- Sollten Sie über Stiche von alten Schiffen, attraktive Bücher über Segel- und Dampfschiffe oder über andere derartige Antiquitäten verfügen, können diese dem Raum zusätzliches Ambiente verleihen.

Unbedingt erforderlich ist folgendes:

- Sitzordnung mit Tischkarten
- gedruckte Menükarten.

Musik und Unterhaltung

Als Musikvorschlag nennen wir dezente Barmusik, *New Orleans Jazz* und *Dixieland* – und natürlich den Original-Soundtrack *„Titanic"*. Als Video für die Unterhaltung danach empfehlen wir alte Titanic-Filme – die sind fast genauso herzzerreißend wie der neue Film.

Outfit

Wer weder Abendkleid noch Frack besitzt, geht zum Kostümverleih und läßt sich nach Art der Erste-Klasse-Passagiere ausstaffieren. Auch Schmuck, ob nun echt oder nicht, gehört dazu; Hauptsache, er glitzert auffällig.

Speisen wie ein Titanic-Millionär – aber mit Bedienung

Lassen Sie sich verwöhnen!

Selbst wenn Sie normalerweise in der eigenen Küche wie ein Bocuse in Taschenformat agieren: Das Titanic-Menü sollten Sie den Profis überlassen. Schließlich können Sie nicht im Abendkleid noch schnell eine Mousselin-Soße rühren, während die Gäste warten.

Ein Original-Titanic-Menü für Gäste der Ersten Klasse kreiert beispielsweise der Kölner Star-Gastronom Michael Holtmann.

Titanic-Menü:

Begrüßung mit Champagner

❧

Wachteleier mit Caviar
oder
Austern mit russischer Sauce
Zuckererbsensuppe
oder
Kraftbrühe mit Einlage

❧

Tournedos mit Morcheln
oder
Wachteln auf Kirschsauce

❧

Gefüllte Orangen
oder
Käseauswahl

❧

Getränke: Champagner Taittinger, Chardonnay, Bordeaux, Tafelwasser, Coffee

Zum Nachtisch verzehren Sie den Eisberg, damit es ein Happy-End gibt.

23

Vorweihnachtliche und weihnachtliche Festideen

Zu den schönsten aller Feste gehört das Weihnachtsfest mit seiner langen Zeit der Vorfreude. Auch die übereifrige Vermarktung des Festes, die schon im September die ersten Stol-

Weihnachten – alle Jahre wieder die schönsten Feiern.

len in die Regale der Supermärkte bringt und uns spätestens ab Anfang November mit Weihnachtlichem in allen Läden und Straßen überflutet, kann dem Fest selbst nichts anhaben. Weihnachten ist und bleibt das großartigste Fest für Kinder und Erwachsene.

Tip

- Gönnen Sie sich in der Adventszeit trotz Streß ein paar Minuten der Muße, um der vorweihnachtlichen Hast und Hektik zu entfliehen – Sie haben dann mehr vom Fest!

Vorfreude: Jeden Tag ein kleines Fest

Adventskalender für Gross und Klein

Für Kinder ist die Adventszeit ohne Adventskalender nicht denkbar. Mit jedem Morgen rückt das mit Spannung erwartete Fest mit einer kleinen süßen Überraschung näher. Es gibt sehr schöne Kalender zu kaufen, aber in vielen Familien werden Adventskalender entweder nach eigenen Entwürfen oder nach Vorlagen selbst hergestellt. Ob aus Stoff, Pappe oder Papier: Ihrer Kreativität sind keine Grenzen gesetzt.
Nicht nur Kinder lieben Adventskalender. Auch Erwachsene lassen sich gern in nostalgische Stimmung versetzen und freuen sich wie die Kinder, wenn sie von ihren Partnern mit 24 kleinen Extra-Aufmerksamkeiten verwöhnt werden.

Tip

- Hübsch und doch einfach herzustellen: Kleine Stoffsäckchen aus rotem und grünem Stoff oder Filz, gefüllt mit Süßem oder anderen Kleinigkeiten, die an einem kräftigen Zweig hängen und von denen jeden Tag eines abgepflückt wird.

Adventsfest mit Familie und Freunden

Besonders stimmungsvoll sind natürlich Feiern an den Adventssonntagen. Hier bieten sich Einladungen zum gemeinsamen Kaffeetrinken an. Die Vorbereitung ist nicht zu aufwendig, die Wirkung einer adventlich dekorierten Kaffeetafel immer groß.

Freude für Gross und Klein: Wenn der Nikolaus kommt

Nikolaus, komm in unser Haus ...

Nikolausabend läßt sich gut gemeinsam feiern. Wenn Sie mit Kindern feiern: Ein „echter" Nikolaus – und je nach regionalem Brauch noch in Begleitung von Knecht Ruprecht, des wilden und schwarzen Hans Muff oder Krampas – machen den Nikolausabend unvergeßlich.

Wenn ein „richtiger" Nikolaus kommen soll: Klären Sie, wer die Rolle des Nikolaus übernimmt. Besorgen Sie dann ein Kostüm. Sie können sich auch beispielsweise über das Arbeitsamt einen „echten" Nikolaus vermitteln lassen.

Damit der Nikolaus aus dem großen goldenen Buch Passendes zu den Anwesenden vorlesen kann, braucht er natürlich Ihre Hilfe. Meist ist das liebevoll verpackte Kritik, die durchaus auch witzig sein kann. Sie gehört ebenso dazu wie die kleinen Geschenke, die der Nikolaus dann aus dem großen Sack hervorholt, nachdem die „Sünder" Besserung gelobt haben.

Danach gibt es Kaffee, Tee, Glühwein und Süßes vom bunten Teller.

Adventsfeier im Betrieb

Äpfel, Nuss und Mandelkern, das haben auch Kollegen gern!

Auch wenn vor Weihnachten viel Arbeit angesagt ist und jeder „eigentlich keine Zeit" hat, sollten Sie nicht ganz auf eine vorweihnachtliche Feier mit Kollegen oder Mitarbeitern verzichten. Es müssen nicht immer die großen Feste sein, die sich positiv auf das Betriebsklima auswirken, auch die Feste innerhalb der Abteilung oder Arbeitsgruppe, die ein ganzes Jahr lang erfolgreich zusammengearbeitet hat, tragen dazu bei, die Motivation zu steigern.

Wann wird gefeiert?

Günstig sind Feiern, die durchaus nicht länger als zwei Stunden dauern und flexibel den Übergang von der Arbeitszeit zum Feierabend nutzen, so daß für die Firma keine Ausfallzeiten entstehen. Sollte hier eine gewisse Großzügigkeit herrschen, um so besser.

Wer feiert mit?

Die Einladung geht in der Regel vom Abteilungs- oder Arbeitsgruppenleiter aus. Vorschläge zur Ausgestaltung des Festes und Beiträge zur Unterhaltung sind natürlich von allen „Kreativlingen“ seitens der Mitarbeiterschaft willkommen.

Wo wird gefeiert?

Feiern Sie im Büro. Oft bieten sich Sitzungsräume dafür an, aber auch ein normaler Büroraum läßt sich für eine gemütliche Feier „zweckentfremden“.

Wie wird gefeiert?

Organisation ist alles!

- Raumfrage klären; Raum ggf. schon reservieren.
- Kolleginnen und Kollegen ansprechen, die die Feier mitgestalten wollen.
- Sind Ansprachen oder ein Jahresrückblick vorgesehen?
- Gibt es informative oder unterhaltsame Beiträge (Videos aus dem betrieblichen Bereich oder auch von interessanten Reisen oder Firmenfesten)?
- Zeitrahmen festlegen: Wie lange wird gefeiert? Wieviel Zeit muß für einzelne Beiträge eingeplant werden?
- Einladungen werden per E-Mail oder durch die Hauspost als Ausdrucke verschickt. Mit den grafischen Gestaltungsmöglichkeiten des PCs lassen sich ohne viel Aufwand pfiffige Einladungen erstellen.

Frühzeitig einladen, damit der Termin von möglichst allen wahrgenommen werden kann.

In der Einladung müssen folgende Punkte notiert sein: Anlaß der Feier, voraussichtliche Dauer mit Beginn und Ende, Ort der Veranstaltung sowie Bitte um Rückantwort.

- Wer organisiert Kaffee und Kuchen?
- Sollte kein *„big spender“* die Kosten für Kaffee, Kuchen und Kerzen übernehmen, muß gesammelt werden, entweder in Form von Geld oder von Naturalien, die jeder zum Fest beisteuert.
- Wer übernimmt das Einsammeln der Unkostenbeiträge, und wer sorgt dafür, daß Kaffee und Kuchen rechtzeitig zur Feier bereitstehen?
- Abklären, ob Geschirr aus dem Firmenfundus benutzt wird oder jeder „sein Gedeck“ mitbringt.
- Wer hilft beim Aufbauen und beim Aufräumen?

- Wer moderiert die Feier (Begrüßung, Führung durch das Festprogramm, Dankesworte an die Geschäftsleitung oder Kollegen, die die Feier gestaltet haben)?
- Programm aufstellen.

Durchführung

- Tische und Stühle je nach Anzahl der Personen im Festraum gruppieren (Tischrunde, Hufeisenform).
- Tische mit Kerzen, Tannengrün, Servietten und Geschirr schmücken und decken.
- Technische Ausrüstung wie Mikrofon, Verstärker, Monitor aufstellen und kurz testen.
- Eröffnung der Feier, Begrüßung, Vorstellung des Programms
- Führung durch das Programm
- Schlußwort, Dank.

Weihnachten – das Fest der Feste ohne Stress

Drei Fest- und Feiertage liegen vor Ihnen. Die Erwartungen, die an diese Tage geknüpft werden, sind meist hoch. Es sollen schöne Festtage sein, voller Stimmung, Freude und Harmonie. Eltern, Kinder, Freunde, Verwandte, gute Bekannte – mit wem Sie auch feiern wollen: Alle haben eine bestimmte Vorstellung von diesem Fest. Die Kunst des richtigen Feierns besteht darin, alle diese verschiedenen Wünsche und Vorstellungen für kurze Zeit zu vereinen.

Heilig-abend: Feiern zwischen Tradition und Trend.

Heiligabend

Noch immer steht an Heiligabend das Familienfest im Vordergrund, das von vielen Familien in altbewährter Tradition begangen wird. Diesem Ablauf entsprechend, beginnt das Fest mit der einbrechenden Dunkelheit des 24. Dezember und wird

bestimmt von den klassischen Eckpunkten: Kirchgang, Bescherung und familiäre Geselligkeit.
Daneben haben sich neue Formen des Feierns entwickelt. Das Fest ist lauter, lustiger und farbiger geworden. Es verlagert sich von der häuslichen Familienfeier hin in die Diskos, die Szenetreffs und Lokale, in denen *„Jingle Bells"* bestenfalls als Techno-Version zu hören ist. Wer es an Heiligabend still und verträumt mag, kommt zu seinem Recht, wen aber auch an diesem Abend das *„Saturday Night Fever"* packt, der findet in jeder Stadt genügend Gleichgesinnte auf den Tanzböden. (Für die deutsche Gastronomie ist Heiligabend übrigens der umsatzstärkste Tag des Jahres.)

Weihnachtliche Höhepunkte

Weihnachtsfeiertage: Familiäre Geselligkeit.

Ein gelungenes Weihnachtsfest hängt nicht davon ab, daß die Gastgeber bis zur Selbstaufgabe die Vorbereitung und Durchführung übernehmen. Organisieren Sie geschickt. Verteilen Sie schon bei der Einladung die Aufgaben. So steuert jeder seinen Beitrag zum Gelingen des Festes bei.

Tip

- Das Büfett ist stets ein unkompliziertes weihnachtliches Schlemmvergnügen.

Wichtig: Auf den richtigen „Mix" kommt es an!

Die Gastgeber sorgen für ausreichend Platz, für Dekoration und Geschirr. Für Speisen und Getränke sorgen hingegen ganz oder teilweise die Eingeladenen. Damit nicht alle Gäste mit Shrimpssalat kommen, sollten Sie schon bei der Einladung nachfragen, was jeder Gast zum Büfett beisteuern will. Fertigen Sie dann eine Liste an, damit Sie den Überblick behalten und bei „Doppelbesetzungen" Alternativvorschläge machen können.

Feiern ausser Haus

Restaurantbesuche an den Weihnachtstagen müssen schon lange im voraus geplant werden. Gute Restaurants sind schon Monate vor den Feiertagen ausgebucht. Außerdem wird an diesen Tagen wegen des starken Andrangs in mehreren Schichten serviert. Langes gemütliches Verweilen nach dem Essen ist dann nicht möglich, denn die nächsten Gäste warten schon.

Vor allem wenn Sie mit einer größeren Gruppe tafeln wollen: Suchen Sie bereits im September oder Oktober Ihr „Weihnachts-Restaurant" aus, und reservieren Sie dort.

Tip

- Viele Restaurants bieten an den Feiertagen nicht die gesamte Speisenauswahl, sondern nur einige ausgewählte Menüs – dementsprechend sollten Sie sich vorher erkundigen!

Palmen statt Tannen

Wenn Ihnen das alles doch zu viel Streß bereitet, dann gibt es noch eine Alternative: Packen Sie die Koffer, und verbringen Sie die Feiertage unter Palmen.

24

Zum Schluss: Das wird Ihnen garantiert nie passieren: Wenn Feste zum Fiasko werden

Gute Beispiele machen Schule – in diesem Fall ist es das schlechte, das Sie davor bewahren soll, die fünf Todsünden zu begehen, die jedes Fest verderben.
Der englische Komiker Rowan Atkinson führt uns in einem seiner Sketche als *„Mr. Bean"* genau vor, wie ein Fest, in diesem Fall eine Silvesterparty, völlig mißlingen kann.

Gedankenlosigkeit

Mr. Bean vermasselt durch Unfähigkeit, Gedankenlosigkeit und Geiz sein ganzes Fest. Schon die Vorbereitung läßt nichts Gutes hoffen. Unbequeme Stühle mit scheußlichen Kissen stehen mitten im kahlen Raum. Abstellmöglichkeiten für Gläser oder Teller gibt es nicht.

Geiz

Dekoration muß sein an Silvester. Aber aus Geiz dekoriert Mr. Bean den Raum bloß mit Zeitungsschnipseln und einem einzigen Luftballon.

Schlechte Bewirtung

Er ist noch nicht fertig, als seine Gäste, zwei Männer, klingeln. Mr. Bean ist schon bei ihrem Eintreffen völlig überfordert. Er weiß nicht, wohin mit der Garderobe und wohin mit den Gästen.

Keine Unterhaltung

Die Gäste haben eine Riesenparty erwartet und hocken enttäuscht auf den Stühlen, während Mr. Bean in der Küche verzweifelt nach etwas sucht, was er den Gästen anbieten könnte. Er findet einen Weinrest, den er mit Essig auffüllt. Außer ein paar mickrigen Salzstangen kann er auch nichts Eßbares mehr auftreiben. Mr. Bean bietet die ungenießbaren Reste an und ergattert selbst die einzige noch genießbare Salzstange.

Enttäuschung

Peinliche Stille. Keiner sagt ein Wort, alle starren auf die Uhr. Als Mr. Bean erneut in der Küche verschwindet, um aus der Essigflasche noch einige Tropfen zu quetschen, greifen die enttäuschten Gäste zu einem Trick. Sie stellen die Uhr einfach vor und verabschieden sich von ihrem verdutzten Gastgeber.
Sie verschwinden in der Nachbarwohnung, wo sie, angelockt von der lauten Musik einer fröhlichen Silvesterparty, von zwei ausgelassenen Frauen mit gefüllten Gläsern in der Hand zum Tanzen animiert werden.

Garanten für den sicheren „Fetenflop“

- Gedankenlose, zu späte oder gar keine Vorbereitung
- Geizige Bewirtung (zu wenig, Minderwertiges oder Reste)
- Die falsche Zusammensetzung der Gäste
- Lustlose Gastgeber und lustlose Gäste
- Mangelnde Unterhaltung

Garanten für den sicheren „Fetenerfolg“

- Gute Festvorbereitung.
- Überlegen Sie genau, welche Gäste miteinander harmonieren. Der gekonnte Mix bringt die Stimmung.
- Legen Sie Wert auf eine hübsche Dekoration und einen ansprechenden Festraum. Das muß nicht teuer sein, aber es sollte schon optisch signalisieren: Die Gäste sind willkommen.
- Essen und Trinken sollten nie zu knapp bemessen sein. Sie müssen nicht mit Sekt und Kaviar aufwarten. Ein Nudelsalat, dazu Bier, beides frisch, reichlich und von bester Qualität, kann mehr Eindruck machen als billiger Wein und ein zu knapper Teller mit Lachsschnittchen.
- Kümmern Sie sich als guter Gastgeber oder Gastgeberin um alle Gäste.
- Musik und andere Unterhaltungspunkte einplanen.

Wenn Sie sich an diese wenigen Regeln halten, wird es Ihnen nie so ergehen wie Mr. Bean.

III

Das Festglossar

Man muß die Feste feiern, wie sie fallen …

Nachfolgend alphabetisch eine Reihe wichtiger Fragen und Probleme, die bei Festen generell auftauchen können.

A

ABENDESSEN: Hierbei handelt sich um eine besonders feierliche und intime Form des Festes. Zum Abendessen werden meist nur wenige Gäste eingeladen, oft auch wichtige wie beispielsweise die Vorgesetzten. Es empfiehlt sich, besonders auf das Ambiente wie Tischdecken, Dekorationen, korrektes Servieren, Kerzenlicht und Blumenschmuck zu achten.

ABLAUFPLANUNG: Bei allen wichtigen Festen sollten sich die Organisatoren in einem Ablaufplan auflisten: Wer macht wann was oder ist für was verantwortlich?

ABSAGE: Die Absage ist die notwendige Form der Erwiderung auf eine Einladung, der man nicht nachkommen kann oder will. Wer absehen kann, daß er oder sie einer Einladung nicht Folge leisten kann, weil anderweitig verhindert, sollte die Gastgeber frühzeitig informieren, damit diese rechtzeitig umdisponieren können. Geben Sie konkret an, warum Sie nicht kommen können: „Meine Frau ist erkrankt, und ich möchte sie in ihrem Zustand nicht allein lassen", ist ein genauso triftiger Absagegrund wie die Entschuldigung: „Ich bin am besagten Abend Ihres Diners leider in Hamburg geschäftlich verhindert." Sehr unhöflich ist es außerdem, eine Einladung überhaupt nicht abzusagen.

ABSAGEFORM: Die Absageform sollte in genau der gleichen Art erfolgen wie die Einladung. Bei einer mündlichen oder fernmündlichen Einladung reicht es, direkt oder per Telefonat zu sagen, daß man nicht kommen kann. Bei einer schriftlichen oder Fax-Einladung sollte man in der gleichen Form die Absage aussprechen.

AGENTUREN: Heute gibt es eine wachsende Zahl von Serviceleistungen, die mitunter sogar das ganze Fest organisieren. Nach unserer Auffassung kommt ein solcher Service wirklich nur bei großen, wichtigen Festen in Betracht. Machen Sie sich über den Ruf einer Agentur kundig, und vergleichen Sie die Angebote mehrerer Firmen.

Anzeigen (Annoncen): Nur bei sehr wichtigen Festen und Ereignissen sollte man die Öffentlichkeit per Anzeigen in lokalen Zeitungen informieren, etwa bei Geburt, Hochzeit und in Trauerfällen. In den jeweiligen Kapiteln werden konkrete Details zur Formulierung solcher Anzeigen gegeben. Bei hohen runden Geburtstagen kann man durchaus eine Glückwunschannonce an den Jubilar in die örtliche Zeitung setzen. Man kann auf diese Weise auch Freunde, Bekannte und Nachbarn informieren und beispielsweise gleichzeitig zu einem öffentlichen Empfang des Jubiläums einladen.

B

Begrüssung: Bei jeder Festveranstaltung ist es Aufgabe des Gastgebers oder der Gastgeberin, die Gäste zu begrüßen. Es ist immer wichtig, nicht nur einige bedeutende Damen und Herren zu nennen, sondern die einzelnen Gäste miteinander bekannt zu machen.

Besucherbetreuung: Wir haben häufig Verwandte und Freunde bei uns zu Gast. Wir sollten darauf achten, nicht nur Gastfreundschaft im Hause zu zeigen, sondern auswärtigen Besuchern auch die Sehenswürdigkeiten unseres Wohnortes wie Kirchen, Rathäuser oder Museen zu zeigen.

C

c.t.: Es ist die Abkürzung des lateinischen Ausdrucks *cum tempore* = „mit Zeit" und bedeutet im Klartext, daß die Veranstaltung eine Viertelstunde später anfängt. So heißt 20 Uhr c.t. also, daß der offizielle Teil um 20.15 Uhr beginnt. Dieses unter Akademikern verbreitete Kürzel stammt noch aus dem Mittelalter, als die Professoren in ihren privaten Häusern Vorlesungen abhielten. Wenn ein Student dann die Vorlesung eines anderen Gelehrten besuchen wollte, hatte er also *„cum tempore"* eine Viertelstunde Zeit, um von einem Vorlesungsort zum anderen zu gelangen.

D

Daten: Notieren Sie alle wichtigsten Festdaten, wie Geburtstage, Hochzeiten und Jubiläen, aus Ihrem Verwandten-, Freundes-, Bekannten- und Kollegenkreis.

Design: Unter Design verstehen wir nicht nur die Darstellung und Darbietung von Speisen und Getränken, sondern auch das gesamte Ambiente eines Festes, wie beispielsweise Tischdekorationen, die Atmosphäre des Raums oder auch nur funktionierende Lichtorgeln - kurzum, all das, was wir mit dem Begriff "Gastlichkeit" und "Gemütlichkeit" gedanklich in Verbindung bringen.

DJ = Disk-Jockey: Das Engagieren eines DJs empfiehlt sich nur bei großen, auf Musik abgestellten Festen. Vorsicht: Der unterschiedliche Geschmack oder besser der gleiche Geschmack der Gäste sollte zuvor erkundet werden.

E

Eindecken: Der gastronomische Fachbegriff für das Decken einer Festtafel.

Einladung: Diesem wichtigen Punkt haben wir in den Richtlinien über Einladungsformen einen ganzen Absatz gewidmet. Wichtig ist vor allem, daß die Einladung persönlich sein sollte und daß man die Eingeladenen korrekt anredet.

E-Mail: Selbstverständlich gehört die Angabe der E-Mail-Adresse wie auch der Fax-Nummer unter eine Einladung für ein Fest, und die Benutzung von E-Mails bei Zu- und Absagen ist immer dann gerechtfertigt, wenn sie schnell erfolgen soll, um die Gastgeber zu unterrichten, ob man kommt oder nicht.

Entschuldigung: Kaum ein Fest vergeht, wo keine Notwendigkeit zu Entschuldigungen gegeben wäre. So verspätet man sich z.B. infolge eines Verkehrsstaus, oder man hat nicht genau gewußt, welche Kleidung angemessen war, und fällt „dadurch auf", oder man tritt einer Dame unbeabsichtigt beim Tanzen auf die Füße. Entschuldigen Sie sich möglichst sofort, nachdem Sie einen Fehler begangen haben. Wenn Sie beispielsweise einer Veranstaltung nicht zusagen können, dann sollten Sie Ihre Abwesenheit konkret begründen, etwa: „Ich kann deshalb nicht kommen, weil ich zum Zeitpunkt Ihrer Hochzeitsfeier auf Dienstreise sein werde." Vergessen Sie vor allen Dingen nicht, daß die Entschuldigung in der richtigen Form erfolgen muß, d.h. in der richtigen Tonlage und im Stil, der dem Entschuldigenden entspricht. So ist beispielsweise bei jungen dynamischen, spontanen Typen jegliche manierierte Sprache nicht nur überflüssig, sondern schlichtweg falsch. Bei Angehörigen der älteren Generation sollten höflichere, eventuell auch unzeitgemäße Formen der Entschuldigung angewandt und akzeptiert werden, z.B. „Entschuldigen Sie vielmals, es tut mir schrecklich leid" oder „Ich bedauere unsäglich, daß..."

Erinnerung: Wichtige Festtage sollten durch Fotos, Videos und andere Speichermedien (Tonträger) in Erinnerung gehalten werden. Damit Ihre Tonaufzeichnungen auch garantiert gelingen, sollten Sie darauf achten, daß die Mikrofone richtig eingestellt sind. Überprüfen Sie auch die Batterien für Camcorder und Fotoapparate, und sorgen Sie ggfs. auch für Ersatzblitzlicht.

Event (engl. = *Ereignis*): Bezeichnung für öffentlichkeitswirksame Feste wie z.B. Geburtstage von Prominenten.

F

FAX (Abkürzung für *facsimile;* lat.-engl.: „Mache ähnlich"; ein Faksimile ist eine in Größe und Ausführung mit dem Original 100%ig übereinstimmende Nachbildung): Übermittlung von Einladungen, wenn diese auf die Schnelle und unter Freunden erfolgen. Unrichtig ist die Annahme, daß man die Fax-Mitteilung nicht persönlich machen kann. Sie können eine handschriftliche Einladung als Fax versenden und gleichzeitig auch sagen „Ich lade Sie per Fax ein, damit es schneller geht".

G

GASTGEBER: An vielen Stellen dieses Buches wurde detailliert auf die Rolle des Gastgebers hingewiesen. Als Fazit sollte sich jeder Gastgeber und jede Gastgeberin darum bemühen, jeden Gast – ungeachtet seines Alters oder gesellschaftlichen Ranges – mit der gleichen Aufmerksamkeit und Zuvorkommenheit zu behandeln.

GEBURTSTAGE: Geburtstage sind die Höhepunkte jedes menschlichen Lebens. Sie werden insbesondere dann sehr ausgiebig gefeiert, wenn es sich um runde Geburtstage handelt. Die Geburtstage von Verwandten, Freunden und Bekannten sollten wir notieren und uns nicht nur merken, welche Vorlieben die „Geburtstagskinder" haben, sondern auch, was wir in den vergangenen Jahren geschenkt haben. Denn es ist ziemlich unschön, wenn wir das gleiche Geschenk erneut schenken.

GEMÜTLICHKEIT: Ein Wort, das als typisch deutsch bezeichnet wird und mit Ausnahme von skandinavischen Ländern in anderen Sprachen kaum existiert. Gemütlich sollte jedes Fest sein; es sollte Intimität und anstelle von Steifheit Lässigkeit, Dynamik und Kreativität ausstrahlen.

GESCHMACK: Über Geschmack läßt sich bekanntlich zwar streiten, jedoch gibt es bei der Gestaltung eines Festes bestimmte "Richtlinien", an denen wir uns orientieren wollen. Eine treffliche Definition des Geschmackes hat der bekannte Schriftsteller Hugo von Hofmannsthal formuliert: Alles, was gegen das Maß verstößt, ist geschmacklos. Hierunter fallen demnach zu üppige Feste, zu "geizige" Feste, zu prunkvolle

Kleider und zu üppige Zurschaustellung von Körperteilen, aber auch ein übermäßiger Gebrauch zu greller, bunter Farben. Bei Kleidung ist besonders wichtig, daß sich die Festkleidung von der Normalkleidung absetzt: Bei Festen ist "Schmuddelkleidung" wie Jogginganzug und Turnschuhe fehl am Platze. Geschmack äußert sich darüber hinaus aber auch in Körperhaltung, Mimik und Gestik. Angebracht ist eine dezente Benutzung von Gesten, die Begrüßung aller Gäste, mit denen man in Berührung kommt, insbesondere die Begrüßung derjenigen, die am gleichen Tisch sitzen.

H

HANDY: Eigentlich ist „Handy" ein typischer Fall von Pseudo-Englisch, der beim Gespräch mit Briten und Amerikanern immer wieder zu Verwirrung führt, denn *„Handy"* bedeutet im Englischen *„praktisch"*. Unser Handy hingegen heißt auf Englisch „mobile" – was ja auch eine durchaus zutreffende Bezeichnung für ein Mobiltelefon ist. Dennoch haben sich Handys bei uns etabliert – mit allen Vor- und Nachteilen. Im Notfall wird niemand den Nutzen eines Handys anzweifeln, der Gebrauch auf einem Fest ist jedoch nicht nur störend, sondern zeugt von großer Unhöflichkeit gegenüber Gastgebern und Mitgästen. Von daher stellt sich zwangsläufig die Frage, ob man das Handy während der Dauer eines Festes nicht ganz ausschaltet. Wer aber unbedingt ein äußerst wichtiges Gespräch auf dem Handy erwartet, sollte zumindest die Gastgeber darauf aufmerksam machen. Gastgeber können den Störfaktor „Handy" von vornherein umgehen, indem sie einen besonderen Raum zur Verfügung stellen, wo man zur Zufriedenheit aller Beteiligten ungestört mit dem Handy telefonieren kann.

I

INFORMELLE FESTE: Feste rein freundschaftlicher Art wie Familientreffen außerhalb wichtiger Geburtstage. Die Gäste treffen sich unkonventionell in lockerer, sportlicher Kleidung (kein Jogginganzug), man plaudert in lockerem Ton.

J

JUBILARE: Jubilare sind Personen, die ein bestimmtes oder bestimmtes hohes Alter oder Amt erreicht haben oder bekleiden. Jubilare, sollte man bei der Tischordnung besonders günstig plazieren, bei der Begrüßung besonders herausstellen und insgesamt besonders ehren.

Jubiläum: In früheren Zeiten wurden Jubiläen erst nach 10, 20, 25, 30 Jahren der beruflichen Tätigkeit oder anläßlich des 50-, 75-, und 100jährigen Bestehens einer Firma begangen. Heute wird viel öfter gefeiert, weil es aus Werbe- und PR-Gründen besonders günstig ist.

K

Kavaliere: Kavaliere sind im Zeitalter der richtigen Gleichberechtigung und Gleichbehandlung keineswegs überflüssig. Bei einer kleinen Gruppe von Frauen stößt zwar jede bevorzugte Behandlung auf Ablehnung. Das müssen und sollen wir akzeptieren. Aber im allgemeinen gilt folgendes: Kavaliere können heute sowohl Damen als auch Herren sein, die denjenigen, die Hilfe erwarten oder benötigen, behilflich sind. Selbstverständlich hält der junge, weibliche Teenager einem älteren Herrn die Tür auf oder hilft ihm, ein Paket zu tragen. Häufiger dagegen findet man natürlich auch heute noch die Kavalierstugenden Damen gegenüber; diese Tugenden sind keineswegs überflüssig und sollen hier genannt werden.

1. Als Herr können Sie jederzeit einer Dame ein schweres Paket abnehmen und tragen.
2. Als Herr sollten Sie aufstehen, wenn die Dame nach einer Abwesenheit an den Tisch zurückkommt, insbesondere wenn es Ihre Tischnachbarin ist. Sie sollten besonders älteren Damen den Platz freimachen, wenn es nicht genug Sitzplätze für alle gibt, und Sie sollten daran denken, daß beim Betreten eines unbekannten Restaurants der Herr als erster das Restaurant betritt.

Kostenvoranschlag: Bei Festen in Restaurants sollten Sie sich unbedingt einen Kostenvoranschlag anfertigen lassen.

L

Lärm: Ein bestimmter Geräuschpegel kann der Gemütlichkeit dienen, sollte allerdings eine bestimmte Lautstärke nicht überschreiten. Bei Festivitäten in den eigenen vier Wänden sollte man besonders darauf achten, daß es nicht zu laut wird. Am besten und vor allem höflich ist es, alle Nachbarn von dem anstehenden Fest vorher in Kenntnis zu setzen und ihnen zu sagen, daß mit etwas mehr Lärm zu rechnen ist. Unter Umständen können Sie sie (wenn es sich z.B. um eine Grillparty handelt) auf ein Glas Bier oder Wein kurz miteinladen.

LAUDATIO: Festrede anläßlich eines Jubiläums, in der positiv auf den Jubilar eingegangen wird.

M

MANIERIERT: Ein etwas aus der Mode geratener Ausdruck für „aufgesetzt“ oder „steif“. Manieriertes Verhalten tötet jedes Fest.

MIKROFONE: Jede musikalische Festdarbietungen oder -rede leidet darunter, wenn die Akustik schlecht ist. Überprüfen Sie vor Festbeginn, ob die Mikrofone, Verstärker und Lautsprecher auch einwandfrei funktionieren.

N

NACHBARN: Wer ein Fest feiert, sollte stets an seine Nachbarn denken und sie ggfs. miteinbeziehen und zwar aus mehreren Gründen. Nach wie vor besteht die alte Tradition, beim Einzug in ein neues Haus oder in eine neue Wohnung, die Nachbarn zu sich einzuladen bzw. seine Nachbarn zu besuchen, um sich miteinander bekannt zu machen. Beim Auszug sollte man umgekehrt auch ein Fest, nämlich den Ausstand, feiern und bei guten Nachbarschaften bleibt man auch trotz der räumlichen Entfernung weiterhin in Kontakt oder sogar befreundet. Ein absolutes Muß ist es, sich bei einem Nachbarschaftsfest nicht auszugrenzen – machen Sie getrost mit, es lohnt sich immer. Denn gute Nachbarn helfen einander, sei es auch nur, während des Urlaubs die Goldfische zu füttern oder die Post hereinzuholen. Wichtig ist aber auch – damit der gute nachbarschaftliche Geist erhalten bleibt –, daß Sie Ihren Nachbarn Bescheid sagen, wenn Sie ein Fest feiern, wo es laut werden kann – vor allem dann, wenn Ihr 15jähriger Sohn seinen Geburtstag mit einer Disko-Party feiern will!

NAMENSTAGE: Insbesondere bei Katholiken besteht weithin noch der Brauch, auch bei Namenstagen zu gratulieren. Den Namenstag erfahren Sie aus speziellen Kalendern, in denen die Tagesheiligen aufgelistet sind. Wenn Sie wissen, daß jemand seinen Namenstag feiert, wird er oder sie sich garantiert freuen, wenn Sie Ihre Gratulation aussprechen.

P

PANNEN: Bei allen Festen können Pannen auftreten. Deshalb nachfolgend eine Aufzählung möglicher Pannenquellen mit Anregungen zur Verhinderung. Denn denken Sie immer an das berühmte Gesetz von Murphy: *„Was schief gehen kann, geht meist auch schief".*

	Was kann passieren?	Wie schaffe ich Abhilfe?
Sachliche Pannen	Schlechte Akustik, unzureichende Beleuchtung oder Belüftung; defekte Mikrofone oder Lautsprecher; Platzprobleme	Beheben Sie die Mängel selbst, nachdem Sie sie erkannt haben; ggf. müssen Sie einen Handwerker oder Fachmann beauftragen (Gelbe Seiten)
Andere Pannen	Fehler beim Begrüßen der Gäste; schlechter Service; unzureichende Hilfestellung gegenüber Körperbehinderten	Stellen Sie sich vor der Feier vor, was schlimmstenfalls alles schiefgehen könnte, und „planen" Sie dann, was Sie in solchen Situationen unternehmen würden. Bei Feiern im Restaurant richten Sie Ihre Reklamationen direkt an die Geschäftsleitung.

PARTY: Immer häufiger werdende Bezeichnung für eine festliche Veranstaltung in relativ kleinem Kreis. (Bei ganz jungen Menschen auch eine bestimmte Art der Musikveranstaltung.) Auch der Begriff „Fête" (aus dem Französischen stammend) erfreut sich großer Beliebtheit. Neben der Cocktailparty gibt es eine Fülle weiterer Partys, die zu den verschiedenen Anlässen gerne veranstaltet werden und einfach zu bewerkstelligen sind.

PLACEMENT: Ein anderer Ausdruck für die Tischordnung bei größeren Gesellschaften.

P.M. *(pour mémoire)*: Abkürzung des Gastgebers auf dem Antwortschreiben einer Einladungszusage – sie dient quasi als zusätzliches Memo.

R

RAUCHEN: Leider hat sich die Sitte immer noch nicht durchgesetzt, daß man bei Tisch generell nur mit Zustimmung der Gastgeber bzw., wenn diese einverstanden sind, der Tischnachbarn rauchen sollte. Wer in Restaurants feiert, kann eine bestimmte, besonders gekennzeichnete Rauchernische einrichten, so daß die Nichtraucher nur minimal gestört werden.

RECHNUNG: Es ist übrigens vollkommen in Ordnung, wenn man nach einer Veranstaltung im Restaurant im Anschluß die Rechnung prüft und mit dem Kostenvoranschlag vergleicht. Vergessen sollten Sie es jedenfalls nicht!

S

SCHUHWERK: Viele Menschen mit guten Geschmack achten nicht nur auf die Kleidung ihrer Mitmenschen, sondern auch auf deren Schuhe. Zur Festkleidung gehört festliches

Schuhwerk. Nichts beleidigt das Auge mehr als beispielsweise ein schwarzer Anzug, der etwa durch Turnschuhe oder saloppe Schuhbekleidung abgeschlossen wird.

SERVIEREN: Wir haben bereits im einzelnen unter dem Stichwort Design die besondere Bedeutung des Tischdeckens, der Dekoration und des Servierens hervorgehoben.

SMALL TALK: Siehe Unterhaltungen.

SMOKING: Feierlicher Nachmittagsanzug (ab 15 Uhr) und vor allem Abendanzug.

STIL: Stil ist ein Oberbegriff für jede festliche Veranstaltung. Stil ist nach unserer Auffassung die Übereinstimmung des äußeren Erscheinungsbildes einer Veranstaltung mit den Charaktereigenschaften der Gastgeber. Es gibt den traditionellen Stil, den dynamischen Stil, den jugendlichen Stil, den Stil einer bestimmten Stadt (München), einer Region (hanseatisch). Diesem Stil entsprechend sollte jede festliche Veranstaltung vorbereitet, durchgeführt und abgewickelt werden. Stil ist ein Markenzeichen besonderer Charakterformen und Charaktereigenschaften. Ihn zu wahren, sollte das oberste Gebot sein.

T

TABUTHEMEN: Indiskretion, Verleumdungen nicht anwesender Dritter, böswilliger Tratsch und Mobbingthemen sind als Gesprächsstoff auf einem Fest absolut tabu.

TAKT: Bei Gesprächen, insbesondere bei Gesprächen in guter, alkoholdurchsetzter Stimmung kommt es immer wieder vor, daß indiskrete Fragen gestellt werden, die man besser nicht stellen sollte. So gilt es als taktlos, ältere Damen nach ihrem Alter zu fragen, so wie es genauso taktlos ist, in Gegenwart arbeitsloser Herren über die Faulheit von Arbeitslosen herzuziehen. Desgleichen sind Themen wie gravierende Krankheiten auf Festlichkeiten ebenfalls tabu.

TISCHKARTEN: sie werden bei gesetzten Festessen verwendet und enthalten lediglich den Vor- und Zunamen.

TRINKGELD: Je nach städtischer oder regionaler Landessitte unterschiedlich. Aber denken Sie daran, daß Trinkgeld ein Ausdruck eines besonders verdienstvollen Services ist. Als Gastgeber einer Feier im Restaurant dient Ihnen die Faustregel „10 Prozent vom Rechnungsbetrag" als Orientierung.

U

U.A.W.G. = Um Antwort wird gebeten: Wichtige Floskel auf Einladungskarten.

UNTERHALTUNGEN: Bei größeren Veranstaltungen treffen sich sehr häufig Menschen, die sich noch nie gesehen haben. Dabei stellt sich immer wieder die Frage nach den Gesprächsthemen. Nicht nur in Großbritannien, sondern auch bei uns wie in allen Ländern der Welt gelten folgende Themen als immer wieder verwendbar und angenehm: Ferien, Wetterlage oder Politik. Beim klassischen *Small talk* kann man im Plauderton unverbindlich mit vielen Personen Gespräche anknüpfen – oder sich auch wieder lösen.

V

VIN D'HONNEUR: Geschäftliche Einladung, bei der ausgewählte Gäste zu einer Weinprobe eingeladen werden (findet meist zwischen 12.30 Uhr und 14.30 Uhr statt).

VISITENKARTEN: Im allgemeinen erfährt man aus Visitenkarten Vor- und Zunamen, Tätigkeit, Adresse, Telefon-, Telefaxnummer und E-Mail-Adresse des Kartenbesitzers.

VORSTELLEN: Vorbei die Zeit, in der es einer dritten Person vorbehalten war, unbekannte Menschen miteinander bekannt zu machen. Heute ist nichts dagegen einzuwenden, wenn man sich selbst Unbekannten gegenüber bekannt macht. Dabei helfen Visitenkarten.

VORZEITIGER AUFBRUCH: Immer wieder geraten wir durch Streß und andere Situationen auch bei Festen in die Notwendigkeit, das Fest vorzeitig zu verlassen, d.h. vor dem offiziellen Ende. Unanständig ist es, dies zu tun, ohne die

Gastgeber zu unterrichten. Deshalb sollten wir in diesem Fall zum Gastgeber gehen und ihm genau sagen, aus welchen Gründen wir nicht weiter bleiben können. Wir bitten ihn, es uns nicht zu verübeln, wenn wir uns früher entfernen. Und wir sagen dem Gastgeber auch: „Begleiten Sie uns nicht persönlich bis zum Ausgang, wir wollen das Fest nicht stören." Wir sollten allerdings nicht nur die Gastgeber informieren, sondern auch Tischnachbarn oder die Nachbarn in der Reihe, in der wir bei Vorträgen sitzen.

W

WIDMUNG: Bei Geburtstagen, Hochzeiten, Jubiläen sollten Sie Ihr Geschenk mit einer individuellen Widmung versehen, mit der Sie Anlaß, Dank und Wünsche ganz persönlich zum Ausdruck bringen.

Z

ZEIT: Für die Dauer von Cocktailpartys und Partys wird generell eine außergewöhnlich lange Zeitspanne angesetzt. Bei beruflichen Veranstaltungen (sowohl bei Ein- und Ausstand, Beförderung oder Versetzung) kann man durchaus um 11 Uhr beginnen. Dann gibt es die Party zwischen 17 und 18 Uhr, und heute in zunehmenden Maße auch die sogenannte Teeparty, die gegen 18 Uhr beginnt.

ZUSAGE: Bei Einladungen gebietet es der Anstand, möglichst bald zu antworten, daß man der Einladung gerne folgen möchte. Es gilt als unhöflich, die Zusage erst nach ein oder zwei Wochen abzusenden. Denken Sie daran: Gastgeber müssen zeitig kalkulieren und organisieren.

IV

Register